手把手教您学修车丛书

汽车电脑板维修入门

（彩色图解+视频）

陶春雨　陈　洋　郭修广　编著

U0348559

二维码总码

机械工业出版社

汽车电脑板作为汽车的核心电气部件，是整车结构中的控制中心，由此可见汽车电脑板的重要性。本书主要讲述汽车电脑板易损电子元器件（电容、电阻、二极管、晶体管、场效应晶体管、电感、晶振等）和国内外常见汽车电脑板电路，采用高清大图、深入浅出、一目了然，配套天工讲堂视频课程，方便读者阅读学习，帮助读者打开汽车电脑板维修的大门。作为汽车电脑板维修之路上的垫脚石，本书可供汽车电器维修工使用，也可供职业院校汽车类专业学生学习。

图书在版编目（CIP）数据

汽车电脑板维修入门：彩色图解+视频 / 陶春雨，陈洋，郭修广编著. -- 北京：机械工业出版社，2024.6.--（手把手教您学修车丛书）.-- ISBN 978-7-111-76149-5

Ⅰ．U472.43

中国国家版本馆CIP数据核字第2024UG6619号

机械工业出版社（北京市百万庄大街22号　邮政编码100037）
策划编辑：谢　元　　　　　　　　　责任编辑：谢　元
责任校对：张勤思　张雨霏　景　飞　　封面设计：张　静
责任印制：单爱军
北京虎彩文化传播有限公司印刷
2024年9月第1版第1次印刷
184mm×260mm·13.75印张·252千字
标准书号：ISBN 978-7-111-76149-5
定价：99.90元

电话服务　　　　　　　　　　　网络服务
客服电话：010-88361066　　　　机　工　官　网：www.cmpbook.com
　　　　　010-88379833　　　　机　工　官　博：weibo.com/cmp1952
　　　　　010-68326294　　　　金　书　网：www.golden-book.com
封底无防伪标均为盗版　　　机工教育服务网：www.cmpedu.com

汽车电脑板作为汽车的核心电气部件，在整车结构中属于控制中心。电脑板通过接收传感器的信号，对汽车的工作状况进行判断，从而通过发出指令控制执行器，来调整汽车的状态以保证车辆稳定安全地工作，由此可见汽车电脑板的重要性。

通过长时间一线的调研，我发现目前汽车维修人员对于电脑板知识所知较少，只有夯实基础知识，然后不断迭代学习，方能进阶。因此本书从底层基础知识讲起，希望可以帮助从业人员迈出千里之行的第一步，提高汽车电气故障排查效率。本书以电子元件的基础知识和电脑板内部芯片的实物原件认知作为入口，方便读者阅读学习，我们希望本书可以帮助读者打开电脑板维修的大门，成为读者电脑板维修之路上的垫脚石。

本书主要讲述汽车电脑板易损电子元器件（电容、电阻、二极管、三极管、场效应晶体管、电感器、磁珠、晶振）和国内外常见电路板电路，采用高清大图、深入浅出、一目了然，配套天工讲堂视频课程。本书可供汽车电器维修工使用，也可供职业院校汽车类专业学生学习。

本书由电喷之家创始人陶春雨、中国汽车维修行业协会会员服务部副主任陈洋、郭修广编著，电喷之家技术团队负责提供维修资料和技术支持。

由于我们水平有限，错漏之处在所难免，望请广大读者批评指正。

陶春雨

关于电喷之家汽车维修
更多信息，请读者关注
微信公众号

Contents
目 录

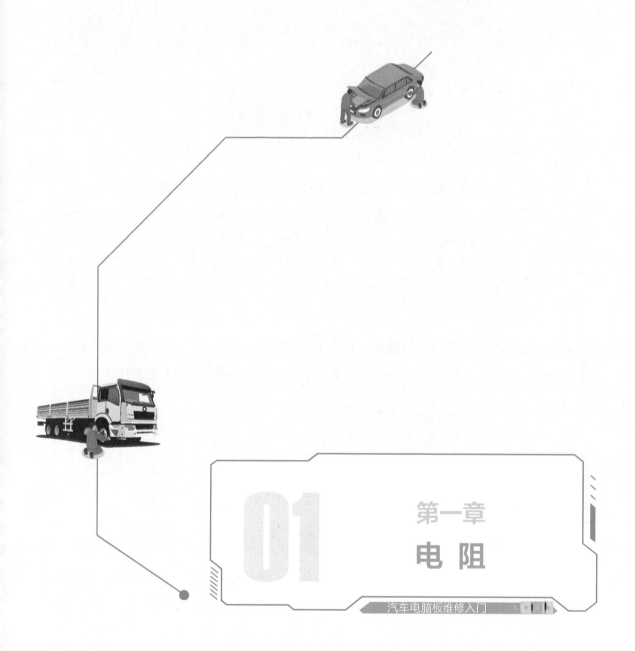

01

第一章

电阻

汽车电脑板维修入门

第一节　认识电阻

电阻是描述导体导电性能的物理量。在物理学中表示导体对电流阻碍作用的大小。导体的电阻越大，表示导体对电流的阻碍作用越大。相反，导体的电阻越小，电流所遭受到的阻力就越小，因而电流就越大。不同的导体，电阻一般不同，电阻是导体本身的一种特性。

1. 电阻的符号与单位

电阻在电路中的符号是大写英文字母"R"，单位"欧姆"用希腊字母"Ω"来表示，简称"欧"。MΩ 为兆欧、kΩ 为千欧、mΩ 为毫欧、μΩ 为微欧。单位换算如下：

$$1k\Omega = 1000\Omega$$
$$1M\Omega = 1000k\Omega$$
$$1\Omega = 1000m\Omega$$
$$1m\Omega = 1000\mu\Omega$$

2. 电阻的特性

电阻是导体本身的性质，与导体的材料、长度、横截面积有关，通常情况可以不考虑温度对电阻的影响，但是温度变化很大时，大多数金属的电阻随温度的升高而变大。电阻由导体两端的电压 U 与通过导体的电流 I 的比值来定义，即 $R=\dfrac{U}{I}$，电阻的量值与导体的材料、形状、体积以及周围环境等因素有关。

3. 电阻的作用与种类

电阻的主要作用：电流取样、熔断、分压取样、限流、基准电压调节、积分等。按照阻值特性来分类，常见电阻有固定电阻、可调电阻、敏感电阻三种。固定电阻（俗称贴片电阻）中包含的碳膜电阻和合金电阻在电脑板电路中较为常见。

第二节 汽车电脑板中电阻的识别方法

1. 贴片电阻上标有三位数字

前两位数字代表电阻值的有效数字，第三位数字表示在有效数字后面添加 0 的个数（如果第三位数字是 0，则代表有效数字有 0 个 0）。如上图所示，电阻上标识有"162"数字，其中"16"为有效数字，数字"2"为有效数字后面添加 0 的个数，那么该贴片电阻的阻值应为"1600Ω"，也可以称为"1.6kΩ"，这种表示法通常用在阻值误差为 ±5% 电阻系列。

2. 贴片电阻上标有四位数字

前三位数字代表电阻值的有效数字，第四位数字表示在有效数字后面应添加 0 的个数。如上图所示，电阻上标识有"5102"数字，其中"510"为有效数字，数字"2"为有效数字后面添加 0 的个数，那么该贴片电阻的阻值应为"51000Ω"，也可以称为"51kΩ"，这种表示法通常用在电阻值误差为 ±1% 精密电阻系列。

3. 贴片电阻上标有字母"R"

这里的"R"代表"小数点"，并且占用一位有效数字，其余三位是有效数字。那么右图所示贴片电阻的阻值应为"30.0Ω"，以此类推。

第三节　认识汽车电脑板中的贴片电阻

贴片电阻具有体积小、重量轻、安装密度高、抗干扰能力强、高频特性好等优点，贴片电阻广泛应用于电子通信、汽车电子、高端音响、仪器仪表等。

如下图所示，图中为贴片电阻实物。

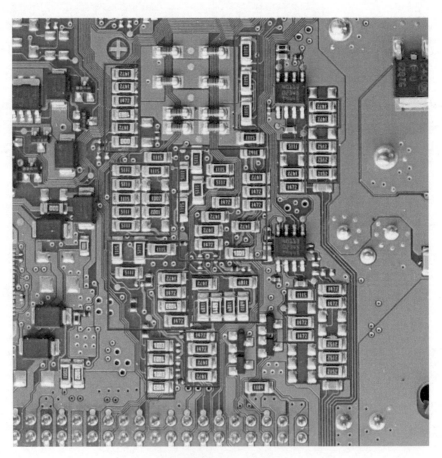

红色框内均为贴片电阻

如下图所示，我们可以看到在电脑板中标有数字"000"的电阻，那么该电阻阻值就是"0Ω"。通常把它当作跨接线（飞线）使用，相当于限流熔丝。

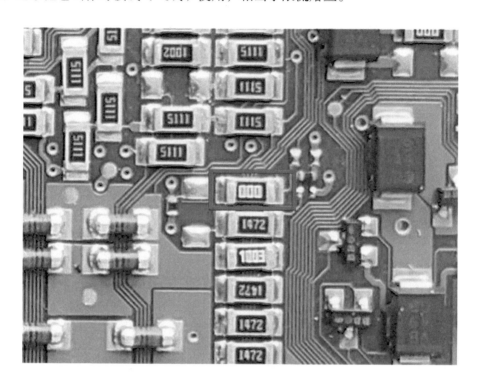

　　如上页图所示，可以看到四个电阻在电脑板中排成一列，这种称为"排阻"，以排阻"154"为例，与三位数字识别法一致，即这四个电阻的阻值都是"150000Ω"，也就是150kΩ。

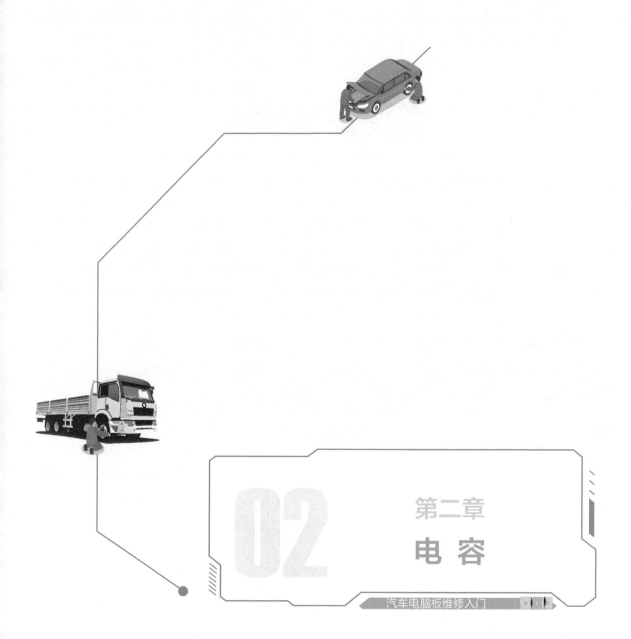

02

第二章

电容

汽车电脑板维修入门

第一节　认识电容

电容器，通常简称为电容，顾名思义，是一种容纳电荷的器件。

1. 电容的构成

两块金属导体相互靠近、相互平行但不接触，用两条金属导线将这两块金属导体分别引出，再用绝缘物将它们封装起来，便得到一个电容。任意两个彼此绝缘又相隔很近的导体，都可以看成是一个电容器。电容器是由极板和电介质组成。极板是两个彼此绝缘又相距很近的导体，电极之间夹一层绝缘电介质。当在两金属电极间加上电压时，电极上就存储电荷，所以电容器是储能元件。电容容量的大小与极板的面积、极板之间的距离有关。极板的面积越大、两极板之间的距离越近，电容容量就越大。

2. 电容的符号

电容亦称作"电容量"，是指在给定电位差下的电荷储存量，在电路中常用字母"C"表示，符号如下：

有极性电容区分正负极，无极性电容不分正负极

3. 电容的单位

电容的国际单位是法拉（F），由于法拉这个单位太大，所以常用的电容单位有毫法（mF）、微法（μF）、纳法（nF）和皮法（pF）等，其换算关系如下：

1 法拉（F）= 1000 毫法（mF）

1 毫法（mF）=1000 微法（μF）

1 微法（μF）=1000 纳法（nF）

1 纳法（nF）=1000 皮法（pF）

4. 电容的种类

电容种类较多，根据容量是否可变可分为固定电容和可变电容。根据材料可分为电解电容、瓷片电容、云母电容、涤纶电容、钽电容、独石电容等，其中钽电容特别稳定。电容还可分为无极性电容与有极性电容，电解电容是有极性的，其正负极通常有明显的标志，更换该类型元件时，应注意极性，如极性错误会导致元件损坏。

5. 电容的特点

电容的特点是具有充放电特性和通交流、隔直流，也就是直流电不能通过电容，交流电可以通过电容。注意，交流电可以通过电容是有一定条件的，电容只对特定频率的交流电是一条通路，比这个特定频率低的交流电，电容会表现出很大的电阻，称为容抗。电容阻碍交流电的大小与频率有关，频率越高，容抗越小；频率越低，容抗越大。

6. 汽车电脑板上的电容

目前，汽车电脑板中大量地采用贴片电容，其外观与贴片电阻有一点相似，部分采用电解电容。

电解电容如下图所示：

　　红框内为电脑板上有极性的电解电容，蓝色框内灰色半圆位置对应的引脚代表这个电容的负极，其余黑色半圆位置对应引脚则是这个电容的正极部分。

　　电解电容一般应用于电源。这种电容的特点是大容量，起到滤波、稳压的作用。电解电容上一般标有电容容量与其耐压值，如下图所示：该电解电容容量为 680μF，耐压值为35V。

　　钽电容如下图所示：

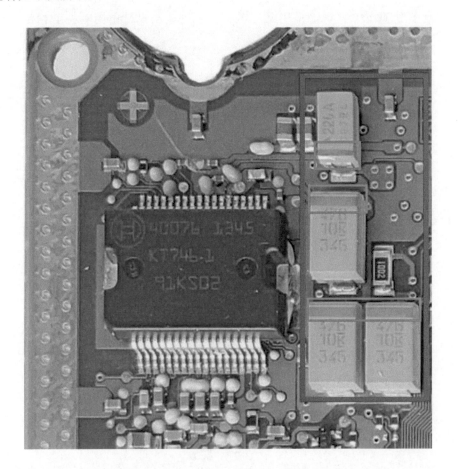

图中黄色的贴片电容大多数是钽电容，一般在关键电路上使用，一般用在电源上，被钽电容包围的位置一般是电源部分，其中蓝色框内深色部分为该电容的正极，另外一侧为负极。

独石电容如下图所示：

图中红色圈内棕色的贴片电容为电脑板上的独石电容，该电容一般用于滤波，而且是高频滤波。这种贴片电容属于无极性电容，安装时不区分正负极，耐压值一般在 60V 以下，并且容量越大，耐压越低。

电容应用的注意要点：①注意极性；②注意耐压值；③注意容量。

7. 电容的常见参数

固定电容器的参数很多，但在实际使用时，一般只考虑工作电压、绝缘电阻和电容量。

工作电压：也称耐压，是指电容器在连续使用中所能承受的最高电压。

绝缘电阻：任何介质都不是绝缘体，所以它的电阻值不可能是无穷大，一般在百兆欧以上，这个电阻值就称作电容器的绝缘电阻值或称漏电阻值。绝缘电阻值越大，表明电容器的质量越好。

电容量：电容器储存电荷的能力叫作电容量，简称容量。

第二节 电容的特点及作用

常见电容的作用有：滤波、积分、耦合、旁路、退耦、自举、储能。

1. 滤波作用

在电源电路中，整流电路将交流变成脉动的直流，而在整流电路之后接入一个较大容量的电解电容，利用其充放电特性，使整流后的脉动直流电压变成相对比较稳定的直流电压。由于车上信号线比较长，发动机工作时会有电磁干扰信号通过信号线进入电脑板的CPU造成干扰，信号线进入电脑后先经过高频滤波电容对地短路高频信号，减小对CPU干扰。

2. 积分作用

积分电容对信号进行进一步的滤波，使信号更加平稳。

3. 耦合作用

在低频信号的传递与放大过程中，为防止前后两级电路的静态工作点相互影响，常采用电容耦合。为了防止信号中的低频分量损失过大，一般采用容量较大的电解电容。

4. 旁路作用

旁路的主要功能就是产生一个电流分路，使较高频率的信号很容易通过此电容被旁路掉，低频的信号由于电容对它的阻抗较大而被输送到下一级放大。

5. 退耦作用

通常来说，在退耦电路中使用的电容就是退耦电容。退耦电容可有效防止电路通过电源形成的正反馈通路而引起的寄生振荡。也就是说，退耦电容能够防止前后电路电流大小变化时，在供电电路中所形成的电流冲动对电路的正常工作产生影响。也就是说能够有效

第二章　电　容

消除电路中的寄生耦合的发生。此外，采用电容退耦也是解决电源噪声问题的主要方法。这种方法对提高瞬态电流的响应速度以及降低电源分配系统的阻抗都非常有效。对于一些电源声响比较大的，则可以通过使用退耦电容来缓解声响，减少噪声的存在。

6. 自举作用

自举电容，主要应用电容的特性——电压不能突变，总有一个充电放电的过程而产生电压自举、电位自举。自举电路又称升压电路，利用自举升压二极管、自举升压电容等电子元件，使电容放电电压和电源电压叠加，从而使电压升高，有些电路升高的电压能达到数倍电源电压。

7. 储能作用

电容有储能的作用，在使用电容储能时一般用大电容或者若干小电容并联组成的电容组，储存电能用于必要的时候释放。

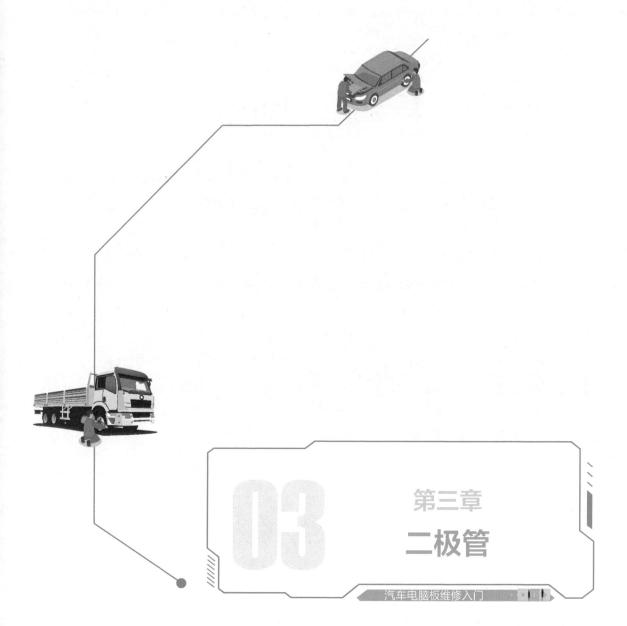

第三章

二极管

03

第一节 认识二极管

二极管是最常用的电子器件之一，具有两个电极。二极管最大的特性就是单向导电，也就是只允许电流由单一方向流过（称为顺向偏压），反向时阻断（称为逆向偏压）。

1. 二极管的构成

二极管是一种由半导体材料制成的具有单向导电性能的电子元器件，在半导体硅或锗中一部分区域掺入微量的三价元素硼使之成为 P 型，另一部分区域掺入微量的五价元素磷使之成为 N 型，半导体在 P 型和 N 型半导体的交界处就形成一个 PN 结。一个 PN 结就是一个二极管，P 区的引线称为阳极，N 区的引线称为阴极。简单来说二极管就是由一个由 P 型半导体和 N 型半导体形成的 PN 结加上相应的电极引线及管壳封装而成的。

2. 常见二极管的符号

普通二极管　　稳压二极管　　发光二极管　　光电二极管　　变容二极管

3. 二极管的正负极区分

对于普通二极管，先看管体表面，有白线的一端就是负极。如下图所示：

如果是发光二极管，通常来说引脚长的是正极，短的就是负极。如下图所示：

如果引脚已经被剪得一样长，管体里面金属极较小的是正极，而大的就是负极。如下图所示：

4. 二极管的管压降

二极管就其本质而言是一个电阻，只是导通的时候电阻很小，不导通的时候接近无穷大，而导通时的电阻会分担一定的电压，所以称为管压降。使二极管能够导通的正向最低电压，小电流硅二极管的正向压降在中等电流水平下，为0.6~0.8V；锗二极管为0.2~0.3 V。大功率的硅二极管的正向压降往往达到1V。

5. 二极管的方向性

正向性：外加正向电压时，在正向特性的起始部分，正向电压很小，不足以克服PN结内电场的阻挡作用，正向电流几乎为零，这一段称为死区。这个不能使二极管导通的正向电压称为死区电压。当正向电压大于死区电压以后，PN结内电场被克服，二极管正向导通，电流随电压增大而迅速上升。在正常使用的电流范围内，导通时二极管的端电压几乎维持不变，这个电压称为二极管的正向电压。

反向性：外加反向电压不超过一定范围时，通过二极管的电流是少数载流子漂移运动所形成的反向电流。由于反向电流很小，二极管处于截止状态。这个反向电流又称为反向饱和电流或漏电流，二极管的反向饱和电流受温度影响很大。

击穿：外加反向电压超过某一数值时，反向电流会突然增大，这种现象称为电击穿。引起电击穿的临界电压称为二极管反向击穿电压。电击穿时二极管失去单向导电性。如果二极管没有因电击穿而引起过热，则单向导电性不一定会被永久破坏，在撤除外加电压后，其性能仍可恢复，否则二极管就损坏了。因而使用时应避免二极管外加的反向电压过高。

6．二极管的种类

二极管分为电子二极管和晶体二极管，电子二极管现已很少见到，比较常见和常用的是晶体二极管。按照所用的半导体材料，二极管可分为锗二极管（Ge 管）和硅二极管（Si 管）；按照管芯结构，又可分为点接触型二极管、面接触型二极管及平面型二极管；根据二极管的不同用途，可分为检波二极管、整流二极管、稳压二极管、开关二极管、肖特基二极管、发光二极管等。

7．电脑板上面常见的二极管

如下图所示：

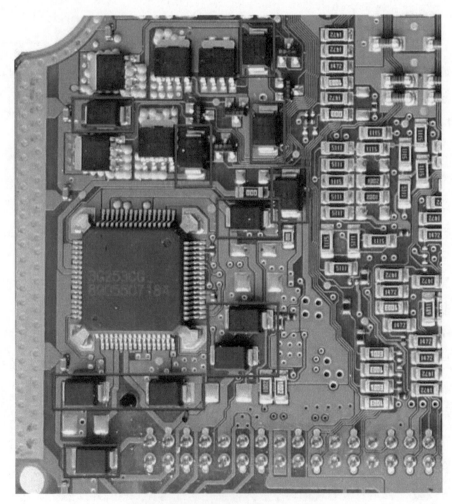

红色框内均为电脑板上的贴片二极管

第二节　二极管的作用

二极管的作用有整流、稳压、续流、检波、隔离、钳位等。介绍如下：

1. 整流

整流二极管是利用二极管的单向导通特性，将交流电转变为直流电的半导体器件。整流电路有半波整流、全波整流、桥式整流。汽车发电机上的整流器就是使用整流二极管组成的桥式整流电路，将发电机产生的交流电转换成可供汽车电器使用的直流电。

2. 稳压

稳压二极管反向电压在一定范围内变化时，反向电流很小，当反向电压增高到击穿电压时，反向电流突然猛增，稳压二极管从而反向击穿。此后，电流虽然在很大范围内变化，但稳压二极管两端电压的变化却相当小，利用这一特性，稳压管就在电路中起到稳压的作用。

3. 续流

续流二极管通常和储能元件一起使用，其作用是防止电路中电压电流的突变，为反向电动势提供耗电通路。电感线圈可以经过它给负载提供持续的电流，以免负载电流突变，起到平滑电流的作用！在开关电源中，就能见到一个由二极管和电阻串联起来构成的续流电路。这个电路与变压器原边并联。当开关管关断时，续流电路可以释放掉变压器线圈中储存的能量，防止感应电压过高，击穿开关管。

4. 检波

检波二极管的作用是利用其单向导电性将高频或中频无线电信号中的低频信号或音频信号取出来，广泛应用于半导体收音机、收录机、电视机及通信等设备的小信号电路中，其工作频率较高，处理信号幅度较小。

5. 隔离

二极管是由一个 P 型半导体和一个 N 型半导体结合在一起形成的，中间会形成一个 PN 结，隔离正是由于 PN 结的作用。PN 结处由于电子的漂移本身形成了一个内电场，当外加电压产生的电场与内电场的方向相同时电流便能通过，否则就会被内电场抵消而被隔离。电压过大则会将 PN 结击穿，是不容许的。

6. 钳位

二极管钳位保护电路是由两个二极管反向串联组成的，一次只能有一个二极管导通，而另一个处于截止状态，那么它的正反向压降就会被钳制在二极管正向导通压降（0.5~0.7V）以下，从而起到保护电路的目的。

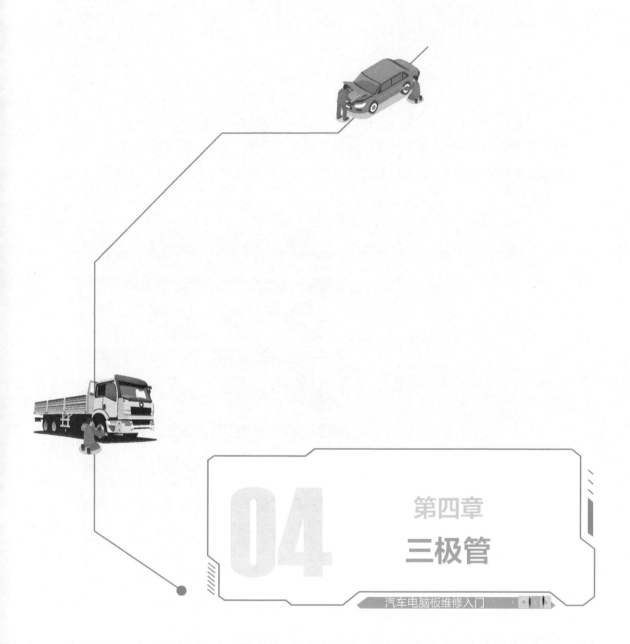

04

第四章

三极管

1. 概念

半导体三极管也称双极型晶体管、晶体三极管，简称三极管，是一种电流控制电流的半导体器件，作用是把微弱信号放大成幅值较大的电信号，也用作无触点开关

2. 常用三极管图示

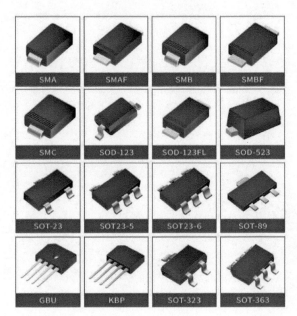

3. 三极管结构与符号

（1）NPN 型

三极管的核心是两个背对背的 PN 结。可以是 NPN 组合，也可以是 PNP 组合。硅 NPN 型是当下三极管的主流。

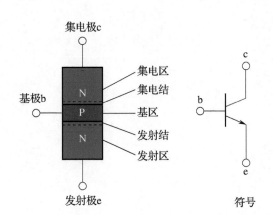

（2）PNP 型

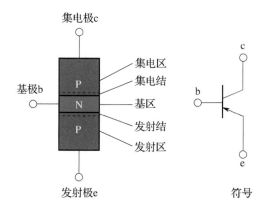

符号

4. 三极管电流分配关系

三极管中有两个 PN 结，从表面来看，不具备放大作用，如果想实现放大，必须从三极管内部结构和外部所加电源的极性来保证。

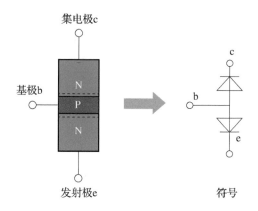

符号

虽然三极管有两个 PN 结，但是不能简单认为三极管是两个二极管的拼接组合。

（1）三极管内部结构

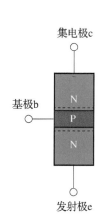

如右图所示：

1）发射区高掺杂。

2）基区做得很薄，通常只有几微米到几十微米，而且掺杂较少。

3）集电结面积大。

（2）三极管放大条件

外加电源使发射结处于正向偏置状态，而集电结处于反向偏置状态。

（3）三极管的电流分配关系

集/基/射电流关系：

$I_e = I_b + I_c$

$I_c = \beta I_b$

如果 $I_b = 0$

那么 $I_e = I_c = 0$

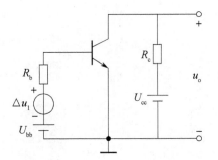

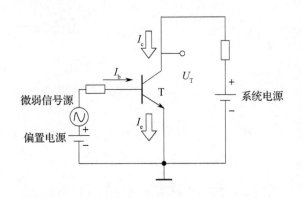

5. 三极管特性曲线

（1）输入特性曲线

U_{ber} 是三极管启动的临界电压，它会受集射极电压大小的影响，正常工作时，NPN 硅管启动电压约为 0.6V；$U_{be}<U_{ber}$ 时，三极管高绝缘，$U_{be}>U_{ber}$ 时，三极管才会启动；U_{ce} 增大，特性曲线右移，但当 $U_{ce}>1.0V$ 后，特性曲线几乎不再移动。

（2）输出特性曲线

当基极电流 I_b 一定时，集电极电流 I_c 与集 – 射电压 U_{ce} 之间的关系是一组曲线。

当 $I_b=0$ 时，I_c 为 0，称三极管处于截止状态，相当于开关断开。当 $I_b>0$ 时，I_b 电流轻微变化，I_c 电流会放大几十甚至一百多倍。当 I_b 很大时，I_c 也变得很大，不能继续随 I_b 的增大而增大，三极管失去放大功能，表现为开关导通。

三极管输入特性曲线

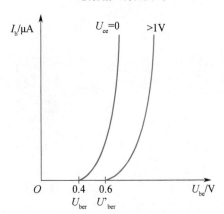

三极管输出特性曲线

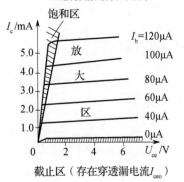

截止区（存在穿透漏电流 I_{ceo}）

6. 三极管主要功能

放大功能：小电流微量变化，大电流变化得到放大。

开关功能：以小电流控制大电流的通断。

（1）三极管的放大功能

$I_c=\beta I_b$（其中 β 取 10~400），例：三极管 β=200，当基极电流 I_b=60 μA 时，集电极电流为 $I_c=\beta I_b$=200×60 μA=12000 μA。

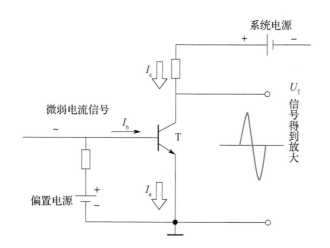

1）三极管放大的是信号幅值，放大倍数 β 决定三极管放大能力，但是三极管并不能放大系统的能量。

2）β 值由三极管材料和工艺结构决定。硅三极管 β 值常用范围：30~200；锗三极管 β 值常用范围：30~100；β 值越大，漏电流越大，β 值过大的三极管性能并不稳定。

3）β 值也会受信号频率和电流大小影响：信号频率在某一范围内，β 值接近一常数，当频率超过某一数值后，β 值会明显减小。

4）β 值随集电极电流 I_c 的变化而变化，I_c 为毫安级别时 β 值较小。通常小功率管的放大倍数比大功率管的较大。

PNP 型三极管放大原理与 NPN 型基本相同，但为了保证发射结正偏，集电结反偏，外加电源的极性与 NPN 正好相反。如右图所示：

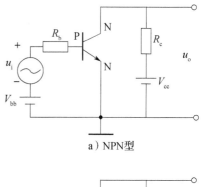

a）NPN 型

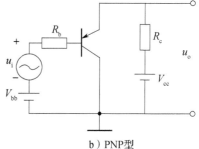

b）PNP 型

（2）三极管的开关功能

三极管作为开关管使用，只有两种状态：截止、饱和。

截止状态是开关处于"关闭"状态。

饱和状态是开关处于"开启"状态，基极电流 $I_b \geqslant 1\text{mA}$ 时，完全可以保证三极管工作在饱和状态，对于小功率的三极管此时集电极电流 I_c 为几十到几百毫安，完全可以驱动继电器、蜂鸣器等功率器件。

NPN 型三极管，接合开关 S_1，约 1mA 的电流 I_b 从基极 b 到发射极 e，基极 b 比发射极 e 电压高 0.6~0.7V（钳位电压），三极管工作在饱和状态，c 极到 e 极完全导通，c 极电平接近 0V；负载 R_L 两端压降接近 5V。I_b 与 I_c 电流都流入 e 极，根据电流方向，e 极为低电平，应接地，c 极接负载和电源。

PNP 型三极管，按下开关 S_2，约 1mA 的电流 I_b 从发射极 e 流过基极 b，发射极 e 比基极 b 电压高 0.6~0.7V（钳位电压），三极管工作在饱和状态，e 极到 c 极完全导通，c 极电平接近 5V；负载 R_L 两端压降接近 5V。I_b 与 I_c 电流都经过 e 极，根据电流方向，e 极为高电平，应接电源，c 极接负载和地线。

1）NPN 三极管加下拉电阻 R_9 的作用：

①为了保证 b、e 极间电容加速放电，加快三极管截止。

②为了保证给三极管 b 极一个已知逻辑状态，防止控制输入端悬空或高阻态时三极管工作状态的不确定。

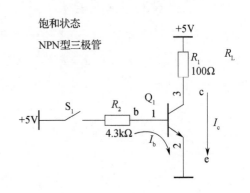

饱和状态
NPN型三极管

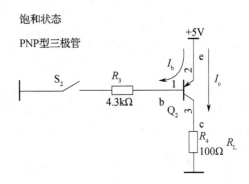

饱和状态
PNP型三极管

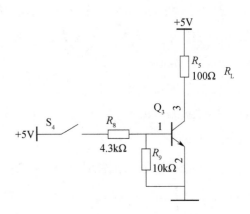

2）PNP 三极管加上拉电阻作用。对于 PNP 三极管，在 b 极加一个上拉电阻 R_6（2~10kΩ），原理同上。

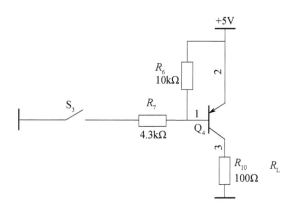

应用实例：

NPN 三极管驱动蜂鸣器

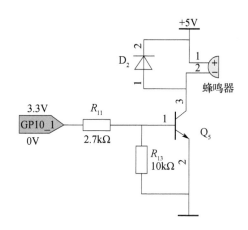

对于感性负载，必须在负载两端并联一个反向续流二极管 D_2；三极管在关断时，线圈会自感产生很高的反向电动势，而续流二极管 D_2 提供续流通路，同时钳位反向电动势，防止三极管 Q_5 被击穿。续流二极管的选型必须是快恢复二极管或肖特基二极管，因为这两种二极管响应速度快。

3）NPN 三极管驱动继电器。控制信号为低电平时，可能并不是真正的 0V，一般在 1V 以内，为保证三极管完全截止，不得不在三极管 b 极加一个反向稳压管或正向二极管，以提高三极管导通的阈值电压（或钳位电压）；根据经验，推挽输出的数字信号不用加；OC 输出、二极管输出以及延时控制有必要加；通常稳压管正常的工作电流大于或等于 1mA。

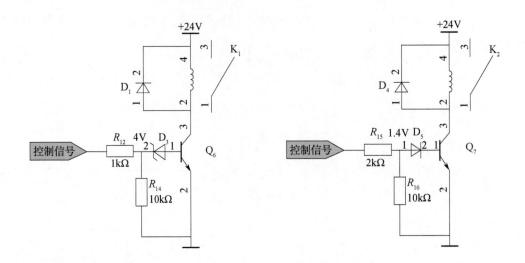

4）继电器延时控制。三极管延时导通电路，如图为快速关断的一个仿真电路：

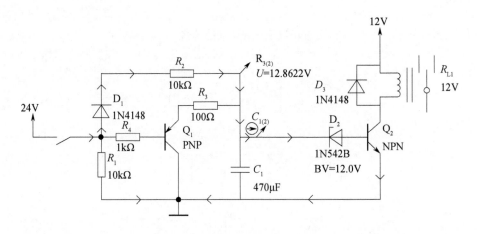

① D_1、R_2、C_1、D_2 构成延时导通 Q_2 的回路，C_1 的电压为 12V 时，Q_2 导通。

② R_3、Q_1、R_4、R_1 构成快速关断 Q_2 的回路，C_1 通过 R_3 和 Q_1 快速放电。

三极管的基本要点：

①对于 NPN 型三极管，在不考虑三极管的情况下，b 极电阻与下拉电阻的分压必须大于 0.7V（箭头两端压降），PNP 型同理。

②b 极电流必须大于或等于 1mA 可保证三极管处于饱和状态，此时 I_c 满足三极管最大的驱动能力。

③另外，对于三极管的放大倍数 β，指的是输出电流的驱动能力放大了 β 倍，比如 100 倍，并不是把输出电流真正放大了 100 倍。

7. 三极管主要性能参数

类型	参数项	符号	意义
直流参数	共射直流放大系数	β	无交变信号输入，共射电路集基电流的比值。$\beta=I_c/I_b$
	共基直流放大系数	α	无交变信号输入，共基极电路集射电流的比值
	集–射反向电流	I_{ceo}	基极开路，集–射极间反向电流，又称漏电流、穿透电流
	集–基极反向电流	I_{cbo}	发射极开路时，集电结反向电流（漏电流）$I_{ceo}=\beta I_{cbo}$
交流参数	共射交流放大系数	β	共射电路，集基电流变化量比值：$\beta=\Delta i_c/\Delta i_b$
	共基交流放大系数	α	共基电路，集射电流变化量比值：$\alpha=\Delta i_c/\Delta i_e$
	共射截止频率	f_β	β 因频率升高 3dB 对应的频率
	共基截止频率	f_α	α 因频率升高而下降 3dB 对应的频率
	特征频率	f_T	频率升高，β 下降到 1 时对应的频率
极限参数	集电极最大电流	I_{cm}	集电极允许通过的最大电流
	集电极最大功率	P_{cm}	实际功率过大，三极管会烧坏
	集–射极击穿电压	U_{ceo}	基极开路时，集–射极耐电压值

注：三极管性能参数较多，有直流、交流、极限参数之分。

三极管所有的参数受温度影响，对以下三个参数影响最大：

1）对放大倍数 β 的影响。

2）对反向饱和电流（漏电流）I_{ceo} 的影响。

3）对发射结电压 U_{be} 的影响。

8. 三极管封装及管脚排列方式

（1）三极管封装

三极管设计额定功率越大，其体积就越大，由于封装技术的不断发展，所以三极管封装形式有多种多样的。

（2）三极管管脚排列

品牌不同、封装不同的三极管管脚定义不尽相同，其规律如下：①对中大功率三极管，集电极 c 显著特点是比较粗大，电极连接大面积金属，一般位于基极和发射极之间；②对贴片三极管，面对三极管标识时，左管脚为基极，右管脚为发射极，另一边是集电极。

三极管常见封装及管脚排列

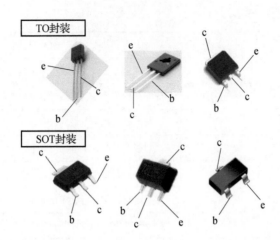

由于电流较大或散热需要，功率较大的三极管集电极管脚一般较大或面积较大，容易辨认。

9. 用万用表判断三极管类型

1）先假设三极管的某极为"基极"，将黑表笔接在假设基极上，再将红表笔依次连接其余两个电极，若两次测得的电阻值都大（几千欧到几十千欧），或者都小（几百欧至几千欧），则对换表笔重复上述测量，若测得两个阻值相反（都很小或都很大），则可确定假设的基极是正确的，否则假设另一极为"基极"，重复上述测试，以确定基极。

2）当基极确定后，将黑表笔接基极，红表笔接其他两极，若测得电阻值都很小，则该三极管为 NPN 型，反之为 PNP 型。

3）判断集电极 c 和发射极 e，以 NPN 型为例：将黑表笔接至假设的集电极 c，红表笔接假设的发射极 e，并用手捏住 b 和 c 极，读出表头所示 c—e 电阻值，然后将红、黑表笔反接重测，若第一次电阻值比第二次小，说明原假设成立。

此方法所用万用表为指针万用表，数字万用表与之相反。

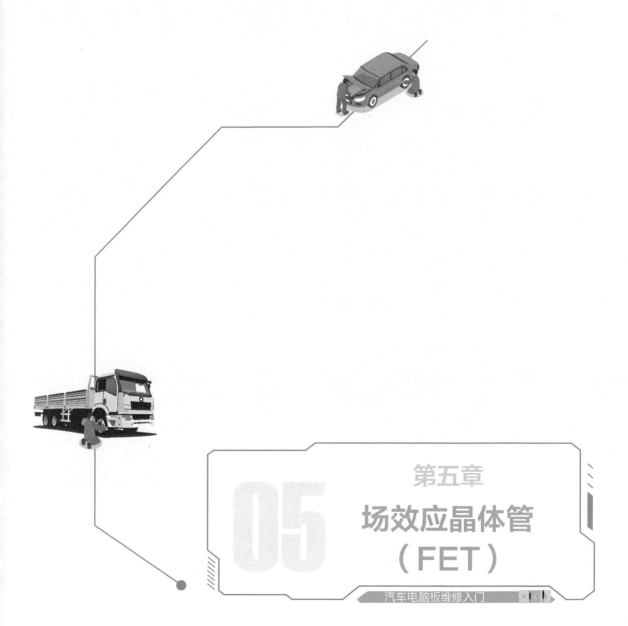

第五章

场效应晶体管
（FET）

1. 场效应管分类

晶体管是一种电流控制元件，工作时，多数载流子和少数载流子都参与工作，所以又称为双极型晶体管器件。场效应管是一种电压控制器件，工作时，只有一种载流子参与导电，为单极型器件。场效应管制造工艺比较简单、功耗小、温度特性良好、输入电阻极高，所以其应用广泛。

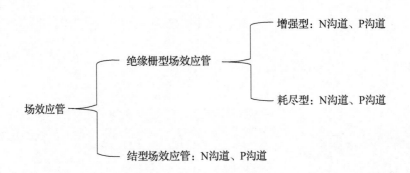

2. 绝缘栅型场效应管

绝缘栅型场效应管由金属、氧化物和半导体制成，称为金属－氧化物－半导体场效应管，或简称 MOS 场效应管。

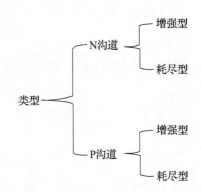

栅源电压为 0V，漏源间存在导电沟道称耗尽型场效应管。

栅源电压为 0V，漏源间不存在导电沟道称增强型场效应管。

（1）N沟道增强型场效应管MOSFET

1）结构。4个电极：漏极D、源极S、栅极G和衬底B。

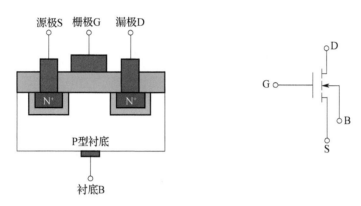

N沟道增强型MOS场效应管的结构　　　　　　　　符号

把一块掺杂浓度较低的P型半导体作为衬底，然后在其表面上覆盖一层SiO_2的绝缘层，在SiO_2层上刻出两个窗口，通过扩散工艺形成两个高掺杂的N型区（用N+区表示），并在N+区和SiO_2的表面各自喷上一层金属铝，分别引出源极、漏极和控制栅极。衬底上也接出一根引线，通常情况下将它和源极在内部相连。

2）工作原理。绝缘栅场效应管利用栅源电压u_{GS}来控制"感应电荷"的多少，改变由这些"感应电荷"形成的导电沟道的状况，以控制漏极电流i_D。

① 栅源电压u_{GS}的控制作用。当$u_{GS}=0V$时，漏源之间相当两个背靠背的二极管，在D、S之间加上电压也不会形成电流，即场效应管处于截止状态。

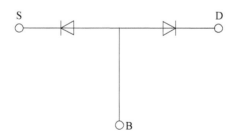

当$u_{GS}>0V$时，在纵向电场作用下，靠近栅极下方的空穴向下排斥，形成耗尽层。

当u_{GS}升高时，纵向电场上升，此时将P区少数载流子电子聚集到P区表面，形成导电沟道，如果此时漏源加有电压，就能够形成漏极电流i_D。

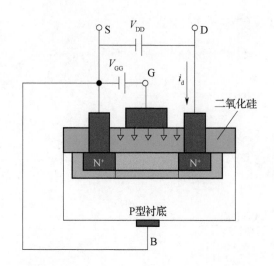

N 沟道增强型 MOS 管的基本特性：

$u_{GS} < U_T$，管截止。

$u_{GS} > U_T$，管导通。

u_{GS} 越高，沟道越宽，在相同的漏源电压 u_{GS} 作用下，漏极电流 I_D 越大。

定义：MOS 场效应管开启电压（U_T）是刚刚产生沟道所需的栅源电压 u_{GS}。

② 转移特性曲线。

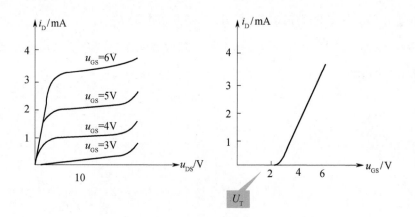

当漏源电压 u_{DS} 一定时（10V），u_{GS} 越高，漏极电流 I_D 越大。

（2）N 沟道耗尽型场效应管 MOSFET

在栅极下方的 SiO_2 层中掺入了大量的金属正离子。所以当 u_{GS}=0V 时，这些正离子已经感应出反型层，形成了沟道。

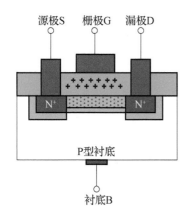

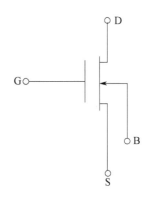

1）特点：

当 u_{GS}=0V 时，就有沟道；加入 u_{DS}，就有 i_D。

当 u_{GS} > 0V 时，沟道增宽，i_D 进一步增加。

当 u_{GS} < 0V 时，沟道变窄，i_D 减小。

2）定义：夹断电压（U_P）是导电沟道刚刚消失所需的栅源电压 u_{GS}。

（3）P 沟道耗尽型场效应管 MOSFET

P 沟道 MOSFET 的工作原理与 N 沟道 MOSFET 完全相同，只不过导电的载流子不同，供电电压极性也不同而已。类似双极型晶体管有 NPN 型和 PNP 型两种。

（4）MOS 管的主要参数

1）开启电压 U_T。

2）夹断电压 U_P。

3）跨导 g_m：$g_m = i_D/u_{GS}$；u_{DS} 为常量。

4）直流输入电阻 R_{GS}：栅源间等效电阻。由于 MOS 管栅源之间有 SiO_2 绝缘层，输入电阻可以达到 $10^9 \sim 10^{15}\Omega$。

3. 结型场效应管

（1）结型场效应管的结构（以 N 沟道为例）

两个 PN 结夹着 1 个 N 型沟道，3 个电极：G—栅极、D—漏极、S—源极。

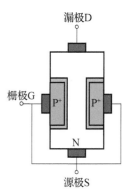

（2）结型场效应管的符号

N沟道管   P沟道管

（3）结型场效应管的工作原理

1）栅源电压对沟道的控制作用。在栅源间加负电压 u_{GS}，令 $u_{DS}=0V$。

①当 $u_{GS}=0V$ 时，为平衡 PN 结，导电沟道最宽。

②当 u_{GS} 绝对值上升时，PN 结反偏，耗尽层变宽、导电沟道变窄、沟道电阻增大。

③当 u_{GS} 绝对值上升到一定值时，沟道会完全合拢。

定义：夹断电压 U_P 为使导电沟道完全合拢（消失）所需要的栅源电压 u_{GS}。

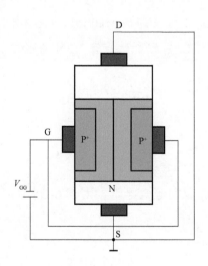

2）漏源电压对沟道的控制作用。在漏源间加电压 u_{DS}，令 $u_{GS}=0V$。由于 $u_{GS}=0V$ 为常量，所以导电沟道最宽。

① $u_{DS}=0V$，$i_D=0A$。

② u_{DS} 上升，漏极电流 i_D 上升，靠近漏极处的耗尽层加宽，沟道变窄，呈楔形分布。

③ u_{DS} 上升，使 $u_{GD}=u_{GS}-u_{DS}=U_P$ 时，在靠漏极处夹断，即预夹断。

④ u_{DS} 上升，预夹断点下移。

预夹断前，漏源间电压 u_{DS} 上升，漏极电流 i_D 上升。

预夹断后，漏源间电压 u_{DS} 上升，漏极电流 i_D 几乎不变。

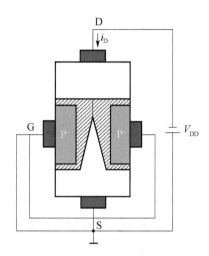

3）栅源电压 u_{GS} 和漏源电压 u_{DS} 共同作用 $i_D=f(u_{GS}, u_{DS})$，可用两组输出特性曲线来描绘。

（4）结型场效应管的特性曲线

1）输出特性曲线：当 u_{GS} 为常数时，$i_D=f(u_{DS})$。

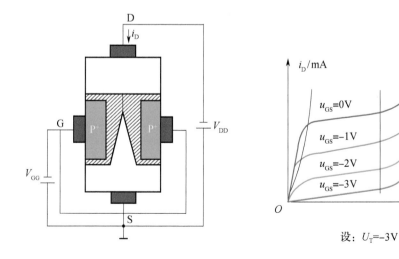

设：$U_T=-3V$

输出特性曲线 4 个区，如下图所示：

①可变电阻区（预夹断前）。

②恒流区，也称饱和区（预夹断后）。

③夹断区（截止区）。

④击穿区。

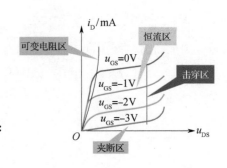

2）转移特性曲线：当 u_{DS} 为常数时，$i_D=f(u_{GS})$。

可根据输出特性曲线作出转移特性曲线，例如：$u_{DS}=10V$ 的一条转移特性曲线。

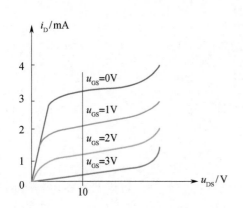

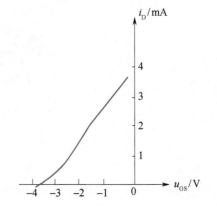

4．场效应管的主要参数

1）开启电压 U_T 是 MOS 增强型管的参数，栅源电压低于开启电压的绝对值，场效应管不能导通。

2）夹断电压 U_P 是 MOS 耗尽型和结型 FET 的参数，当 $u_{GS}=U_P$ 时，漏极电流为零。

3）饱和漏极电流 I_{DSS}，是 MOS 耗尽型和结型 FET，当 $u_{GS}=0V$ 时所对应的漏极电流。

4）输入电阻 R_{GS}，结型场效应管，$R_{GS} > 10^7\Omega$，MOS 场效应管，R_{GS} 可达 $10^9\sim10^{15}\Omega$。

5）低频跨导 g_m 反映了栅压对漏极电流的控制作用，单位是 mS（毫西门子）。

6）最大漏极功耗 P_{DM}，$P_{DM}=U_{DS}I_D$，与双极型晶体管的 P_{CM} 相当。

5．双极型和场效应型晶体管的区别

	双极型晶体管	单极型场效应管
载流子	多子扩散，少子漂移	少子漂移
输入量	电流输入	电压输入
控制	电流控制电流源	电压控制电流源
输入电阻	几十到几千欧	几兆欧

（续）

	双极型晶体管	单极型场效应管
噪声	较大	较小
静电影响	不受静电影响	易受静电影响
制造工艺	不宜大规模集成	适宜大规模和超大规模集成

6. MOS 管开关作用

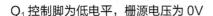

Q_1 控制脚为低电平，栅源电压为 0V

Q_1 控制脚为高电平，栅源电压为 3V

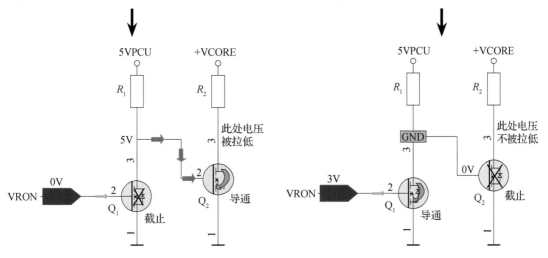

以上 MOS 开关实现的是信号切换（高低电平切换）。

7. MOS 管实现电压通断

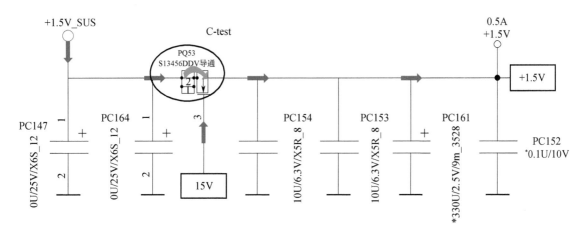

由 +1.5V_SUS 产生 +1.5V 电路

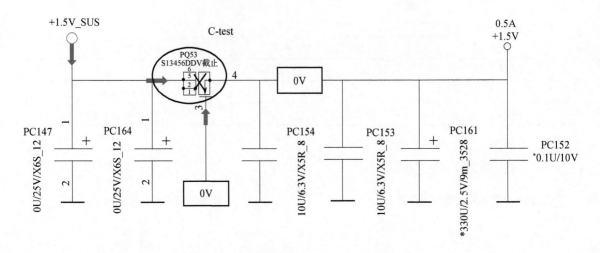

由 +1.5V_SUS 产生 +1.5V 电路（续）

8. MOS 管在电路中的连接方式

NMOS 管：D 极接输入、S 极接输出。

PMOS 管：S 极接输入、D 极接输出。

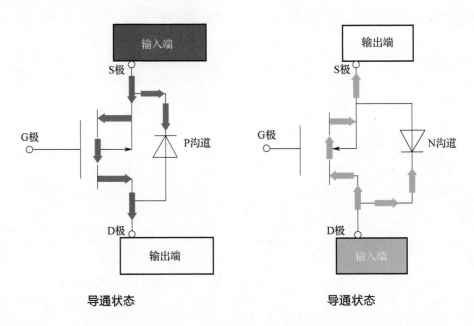

NMOS 管正确接法：D 极接输入、S 极接输出。如果 S 极接输入、D 极接输出，寄生二极管直接导通，因此 S 极电压可以无条件到 D 极，MOS 管就失去了开关的作用。

PMOS 管正确接法应该是 S 极接输入、D 极接输出；如果反接，同样失去了开关作用。

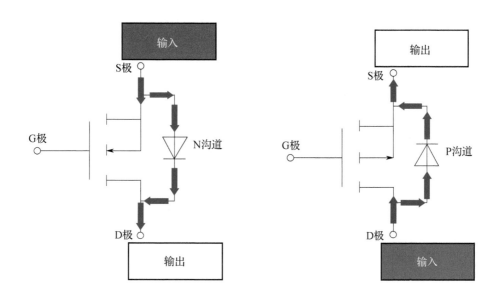

9. MOS 管极性识别

1）SO-8 封装 MOS 管，共有 8 个脚，其中有几个管脚内部相通。

① 芯片上会用一个小圆点标记 PIN1，一般会在芯片左下角。

② 其他管脚，从 PIN1 开始，逆时针顺序依次为 1、2、…、7、8 脚。

③ D 极为单独一边，而 G 极为 PIN4。剩余 3 个管脚为 S 极。其位置是相对固定的。

1、2、3	source（S）
4	gate（G）
5、6、7、8	drain（D）

常见信号 4816_NMOS 管。

→ 注意：NMOS 管、PMOS 管，都可用上述方法识别 PIN 脚。如果 MOS 管表面标记磨损，或是无法辨认 PIN1 的标记圆点，可用万用表测量各管脚。

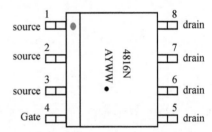

2）DFN 封装 MOS 管。从外部结构观察，DNF 封装的 MOS 管也是 8 个管脚，其结构为贴片形式，优点是节约高度、散热性能好，管脚排列方式与前文所述相同。

3）Ultra SO-8 封装 MOS 管与 DFN 封装相比厚度增加，管脚 PIN1、2、3 直接相连为 S 极。

4）TSOP-6 封装 MOS 管共 6 个管脚。

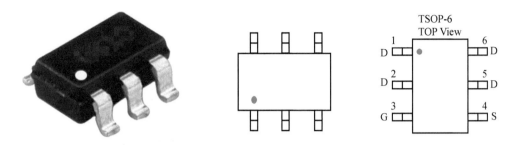

PIN1、2、5、6 为 D 极；PIN3 为 G 极；PIN4 为 S 极

5）SOT-363 封装 MOS 管 6 个管脚为双 MOS 管。

6）3 个管脚的 MOS 管：

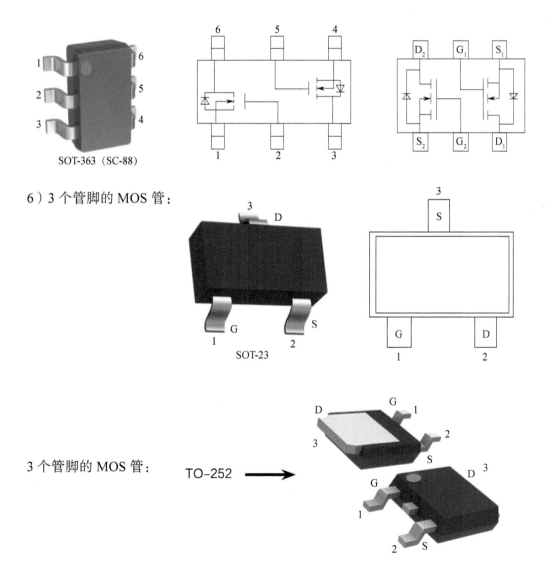

3 个管脚的 MOS 管：　　TO-252

10．用万用表判断场效应管类型（N 型或 P 型）

1）将万用表设置为二极管档，其红表笔连接 D 极、黑表笔连接 S 极：管压降小于 0.700V；交换红黑表笔，黑表笔连接 D 极，红表笔连接 S 极：管压降大于 1.200V。由此判断 MOS 管为 PMOS 管；如果两次测量的结果相反，可判断为 NMOS 管。

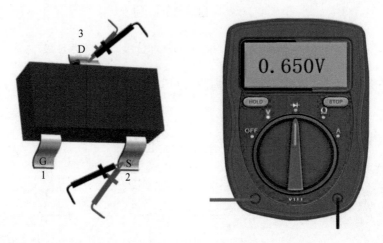

首先找到 MOS 管的 G、S、D 三个极　　　　然后将万用表置于"二极管档"

2）万用表置于二极管档，红表笔连接 D 极、黑表笔连接 S 极，管压降大于 1.200V；交换表笔，黑表笔连接 D 极、红表笔连接 S 极，管压降小于 0.700V，为 NMOS 管。

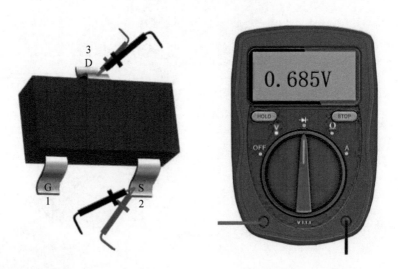

3）MOS 管（绝缘栅增强型）G 极与 S 极、D 极之间绝缘；而 S 极与 D 极在没有导通之前内阻很大，也可以简单认为是断开的。因此，G、D、S 之间用二极管档测量时，应该

是两两都不相通。以上是在没有考虑 MOS 管内部的寄生二极管的前提下得出的结论。而实际上，在测量判断沟道类型时，存在于 D、S 极之间的体内二极管（寄生二极管）是关键！

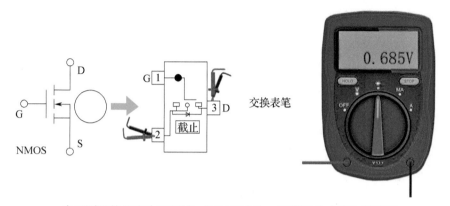

实际测量的是寄生二极管，通过其方向，判断场效应管沟道类型

4）6PIN 脚的 MOS 管（TSOP-6 封装）判断方法：首先确定 MOS 的 PIN1 管脚，通过 3 个极性与 PIN 管脚对应关系找到 G、D、S 极。如果 MOS 表面磨损，不能辨认 PIN1 管脚标记，可以通过万用表判断 3 个极性。

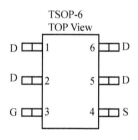

6PIN 脚的 MOS 管（TSOP-6 封装），D 极有 4PIN 是相通的，用万用表先找到 D 极，然后对照上图，确定 G 极和 S 极。

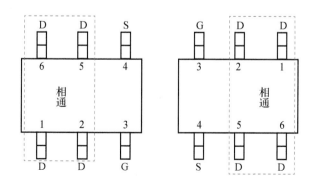

找到 G 极、D 极、S 极以后，N 沟道、P 沟道的判断方法和前面相同。

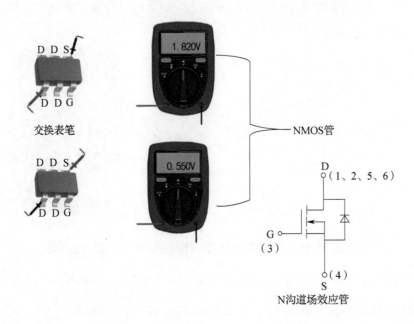

当测量值相反时，为 PMOS 管。

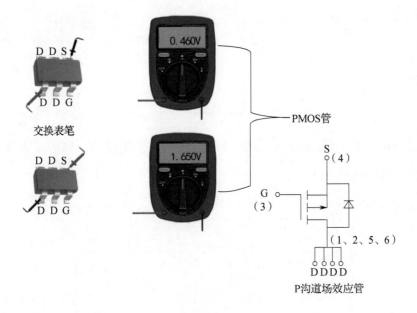

5）DFN 封装和 Ultra SO-8 封装的 MOS 管沟道类型的判断：

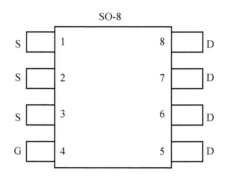

当 MOS 表面的标记无法辨认时，根据单边 4PIN 全通找到 D 极。然后确定 G 极、S 极。

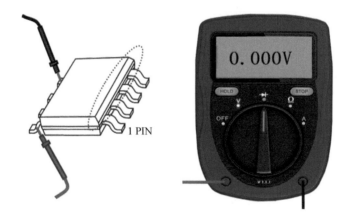

6）SOT-363 封装双 MOS 管具有对称性，正面朝上，无论如何放置，左下角均为 PIN 1。

更换这种 MOS 管时，不用担心装反的问题，即使装反，也可以正常使用。3 个极性和脚位容易判断，沟道类型判断方法和前面相同。

7）MOS 管测量注意事项：

①以上测量是在 MOS 管没有被接入任何电路的情况下进行，如果在线路板上测量

MOS 管，测量值可能会受到所在电路的影响，会导致误判。

②如果测量值出现异常，建议拆卸 MOS 管再次进行测量。

③测量前，用万用表表笔金属针头部分短接 MOS 管 G 极与 S 极，以释放 MOS 管 G 极可能残留的静电电荷。因为 G 极如果存在静电电压，可能会造成 D 极与 S 极处于导通状态，而引起误判。

④以上测量使用的是数字式万用表，当调至"二极管档"时，红表笔是正极（＋），黑表笔是负极（－）。

⑤如果使用指针式万用表，注意红黑表笔上电压极性与上述数字式万用表刚好相反，请注意测量的结果应该颠倒过来才对。

8）用万用表判断 MOS 管是否损坏。

① 将万用表置于二极管档。

② 用万用表分别测量 MOS 管 3 个极，每两极之间互换测量。

③ 以上测量会有 6 种组合，得到 6 个测量值。

④ 其中只有 1 个测量值会低于 0.700V（0.200V 以上），说明 MOS 管正常。

⑤ 否则，说明 MOS 管损坏。

→ 注意事项：

以上测量，当 G、S 极测量完成后，接下来在测量 D、S 这组值时，发现 D、S 极间短路了，管压降接近 0.001V。有些短路现象很快会消失，但是有些 MOS 管需要较长时间才能恢复，本来在之前测量过没有短路现象。这是因为 MOS 管 G、S 极间存在一定的极间电容，测量过程中引入电荷在栅极残留，如果电压极性刚好符合 MOS 管导通条件，此时测量 D、S 两极，就会表现为短路现象。只有当 G、S 极间电容上的电荷漏光或完全消散，D、S 极间才会恢复截止状态。

解决的办法是：用表笔金属针头部分短接 MOS 管 G 极与 S 极，释放 MOS 管 G、S 极间电容上残留的电荷。如果再次测量 D、S 极间仍然短路，才能判定 MOS 管短路了。

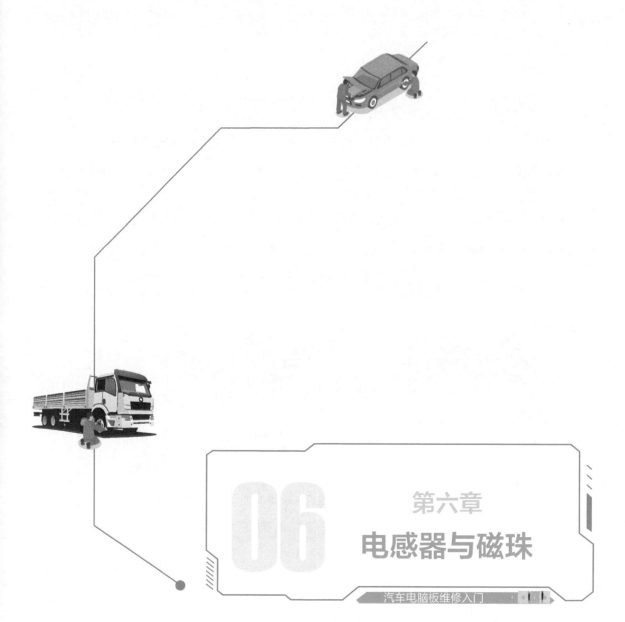

06

第六章

电感器与磁珠

1. 电感器和电感量的概念

电感器（简称电感）是一组线圈，当有电流通过时，在线圈的内部及其周围会产生磁通。电感器是一种能将电能通过磁通量的形式储存起来的被动电子元件，拥有储存和释放能量的功能。

电感量（也简称电感）的单位是"亨利"，简称"亨"，用字母"H"表示。此外，更小的单位是毫亨（mH）和微亨（μH），它们之间的换算关系为

$$1H=10^3mH=10^6\mu H$$

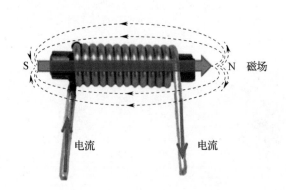

电感量与线圈的圈数、大小、形状和线圈内外的介质有关，它只是电感线圈惯性的量度，而与外加电流无关。

2. 电感工作原理

（1）电感的发现

科学家先发现了电生磁，丹麦科学家奥斯特在一次偶然的实验中，发现通电线圈周围的小磁针发生了偏转，说明通电线圈周围存在磁场。此发现被安培进一步研究总结，发现了著名的安培定律，也就是右手螺旋定律，靠右手来确定磁场的方向。

磁生电是继电生磁之后另一个重大发现。法拉第是电磁学历史上伟大的科学家，其最伟大的贡献是发现了电磁感应现象，为之后麦克斯韦推导麦克斯韦方程组并预言电磁波提供了坚实的实验基础，被称为电学之父和交流电之父。

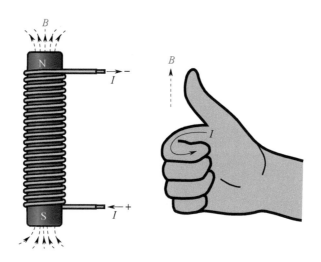

（2）电磁感应

闭合电路的部分导体在磁场中做切割磁感线运动，导体中就会产生感应电动势和感应电流。如下图所示，当磁场靠近线圈的右端时，产生的感应电流会引起电压表指针摆动。

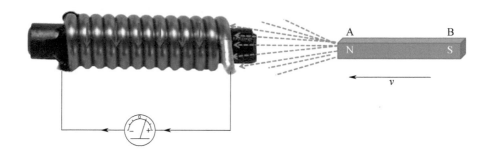

影响线圈产生感应电动势的参数：

1）磁场的强度。

2）磁通量的变化率。

3）线圈匝数（电感量）。

感应电动势与以上参数成正比。

3. 电感的应用

（1）自感器

当线圈中有电流通过时，线圈的内部和周围就会产生磁场。当线圈中电流发生变化时，这个磁场也产生相应的变化，此变化的磁场可使线圈自身产生感应电动势（又称感生电动势）（电动势用以表示有源元件理想电源的端电压），这种现象称为自感。

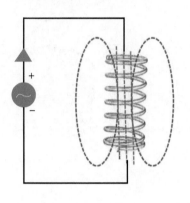

自感公式：
$$U_L = -N \frac{d}{dt}$$

感应电压 U_L 的大小等于线圈匝数乘以单位时间内磁通量的变化量。

（2）互感器

当一组电感线圈周边的磁场发生变化时，靠近此线圈的另一组电感线圈，其内会产生感应电动势，这种现象称为互感。互感的大小取决于电感线圈的自感与两个电感线圈耦合的程度，利用此原理制成的元件叫作互感器。

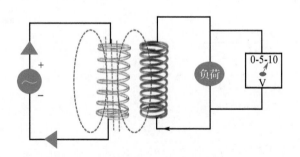

无论是自感还是互感，只有变化的电流引起变化的磁场才能 产生感应电动势。

4. 电感器的分类

按电感形式分类：固定电感器、可变电感器。

按导磁体性质分类：空心线圈、铁氧体线圈、铁心线圈。

按工作性质分类：天线线圈、振荡线圈、扼流线圈、陷波线圈、偏转线圈。

按绕线结构分类：单层线圈、多层线圈、蜂房式线圈。

按工作频率分类：高频线圈、低频线圈。

按结构特点分类：磁心线圈、可变电感线圈、色环电感线圈、无磁心线圈等。

（1）工字型电感

工字型电感的前身是挠线式贴片电感，工字型电感是它们的改良版，挡板有效加强储能能力，改变电磁干扰方向和大小，亦可降低直流电阻值。

（2）色环电感

色环电感是最简单的棒形电感，主要是用作信号处理。

（3）空心电感

空心电感主要用于信号处理，用作共振、接收、发射等。空心电感可应用在甚高频的产品，因此很多变异要求不太高的产品仍在使用。

（4）可调电感

（5）贴片电感

5. 电感符号

电路符号	符号名称	说明
	有磁心或铁心的电感器电路符号	这一电路符号过去只表示低频铁心的电感器，电路符号中的一条实线表示铁心，现在统一用这一符号表示有磁心或铁心的电感器
	有高频磁心的电感器电路符号	这个是过去表示有高频磁心的电感器电路符号，用虚线表示有高频磁心，现在用实线表示有磁心或铁心而不分高频和低频。现在有些电路图中还会见到这种电感器电路符号
	磁心中有间隙的电感器电路符号	这是电器中的一种变形，其磁心中有间隙
	微调电感器电路符号	这是有磁心而其电感量可在一定范围内连续调整的电感器，也称微调电感器
	无磁心、有抽头的电感器电路符号	这一电路符号表示该电感器没有磁心或铁心，电感器中有一抽头，这种电感器有三根引脚

6. 电感实物

（1）绕线电感

（2）叠层电感

（3）薄膜电感

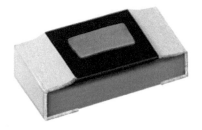

7. 电感在电路中的应用

（1）阻交流，过直流

在直流电路中，电感器相当于一根导线，不起任何其他作用；在交流电路中，电感器会有阻抗，即 X_L，对交流电起到一定的阻碍作用。根据电感阻抗公式：$Z=j\omega L$，频率越高，电感阻抗越大；反之，电感阻抗越小。

（2）滤波

电感能够将信号中特定波段频率滤除，从而起到抑制和防止干扰的作用。滤波分为经典滤波和现代滤波。

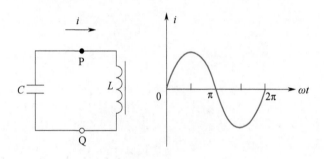

（3）调谐和选频

电感线圈与电容器并联可组成 LC 调谐电路。

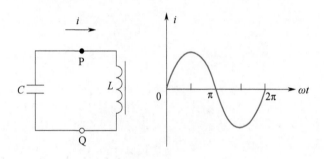

LC 振荡：

1）当开关 K 置于 a 位置时，电容 C 开始充电，电容极性为上正下负，电容两端电压等于电源电压。

2）当开关 K 置于 b 位置时，电容迅速通过线圈放电，线圈电流逐渐增大，线圈将电场能转换为磁场能（线圈和电容均为储能器件）。

3）当电容 C 放电结束，线圈电流值达到最大，随后线圈电流减小，周围磁场减弱，根据自感原理，为了阻止磁场减弱，线圈产生下正上负的电压，开始给电容充电，磁场能转化为电场能。

4）当线圈产生的电压给电容充电，电容电压下正上负，又开始向线圈放电，线圈再次获得磁场能存储。

5）以上过程周而复始，往复循环。

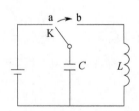

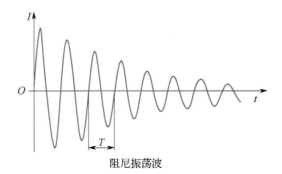

阻尼振荡波

→ 注：根据能量守恒原理，*LC* 振荡理论上不会停止，但由于实际的电感、电容在通过电流时会存在一定的能量损耗，如果振荡电路没有能量补充，实际上是一个阻尼振荡波。

（4）变压器

电感应用于变压器，下图所示为变压器的电路符号。假如左侧线圈匝数为 100，右侧匝数为 50，如果左侧输入 220V 交流电，那么右侧感应电压为 110V，因此"电压比 = 匝数比"；而电流却会截然相反，如果左侧输入 1A 电流，那么右侧会输出 2A 的电流，即"电流比 = 匝数的反比"。变压器只会对电压、电流的大小进行改变，而不能改变功率。

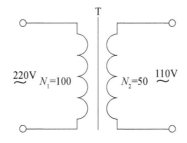

变压器分类：

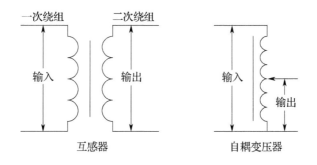

（5）*RL* 高通滤波器

高通滤波器的原理和低通类似，只是电阻和电感的位置有改变。如下图所示，若输入信号为直流电，会经过电感 L_1 流回地线。改变输入信号频率，当频率逐渐升高，由于电感对交流电的阻碍作用，当频率达到截止频率时，高频信号不通过电感，而直接输出需要的高频信号。

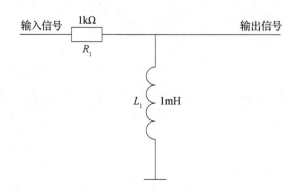

（6）稳定电流

当线圈通电流后，线圈内部和周围会产生磁场，一旦电流变化，线圈感应出电动势，就会产生与电流方向相反的感应电流来阻碍这种电流的变化。

（7）电感的升压降压

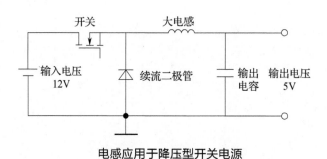

电感应用于降压型开关电源

电感应用于升压型开关电源

8. 电感器的主要参数

（1）标称电感量

电感器上标注的电感量的大小表示线圈本身固有特性，主要取决于线圈的圈数、结构及绕制方法等，与电流大小无关，反映电感线圈存储磁场能的能力，也反映电感器通过变化电流时产生感应电动势的能力。

（2）允许误差

电感的实际电感量相对于标称值的最大允许偏差范围称为允许误差。

误差代码：

代码	允许误差	代码	允许误差
S	$\pm 0.3\,\mu H$	J	$\pm 5\%$
D	$\pm 0.5\,\mu H$	K	$\pm 10\%$
F	$\pm 1\%$	L	$\pm 15\%$
G	$\pm 2\%$	M	$\pm 20\%$

（3）感抗 X_L

电感线圈对交流电流阻碍作用的大小称感抗 X_L，单位是 Ω。它与电感量 L 和交流电频率 f 的关系为 $X_L = 2\pi f L$。

（4）品质因数 Q

品质因数是表示线圈质量的一个物理量，用 Q 表示。Q 为感抗 X_L 与其等效的直流电阻的比值，即：$Q = X_L / R$。线圈的 Q 值愈高，回路的损耗愈小。线圈的 Q 值与导线的直流电阻、骨架的介质损耗、屏蔽罩或铁心引起的损耗、高频趋肤效应的影响等因素有关。线圈的 Q 值通常为几十到一百。

（5）额定电流

额定电流是指能保证电路正常工作的最大工作电流。

9. 磁珠

（1）概念

磁珠是采用在高频段具有良好阻抗特性的铁氧体材料烧结而成，专用于抑制信号线、电源线上的高频噪声和尖峰干扰，并具有吸收静电脉冲能力的一种电子元件。

（2）主要参数

1）标称值：因为磁珠的单位是按照它在某一频率产生的阻抗来标称的，阻抗的单位也是 Ω。一般以 100MHz 为标准，比如 2012B601，就是指在 100MHz 时磁珠的阻抗为 600Ω。

2）额定电流：额定电流是指能保证电路正常工作允许通过的最大电流。

10. 电感与磁珠的区别

1）有 1 匝以上的线圈习惯称为电感线圈，少于 1 匝（导线直通磁环）的线圈习惯称之为磁珠。

2）电感是储能元件，而磁珠是能量转换（消耗）器件。

3）电感多用于电源滤波回路，磁珠多用于信号回路，用于电磁兼容（EMC）对策。

4）磁珠主要用于抑制电磁辐射干扰，而电感用于这方面则侧重于抑制传导性干扰。两者都可用于处理 EMC、电磁干扰（EMI）问题。

5）电感一般用于电路的匹配和信号质量的控制上，在模拟地和数字地结合的地方用磁珠。

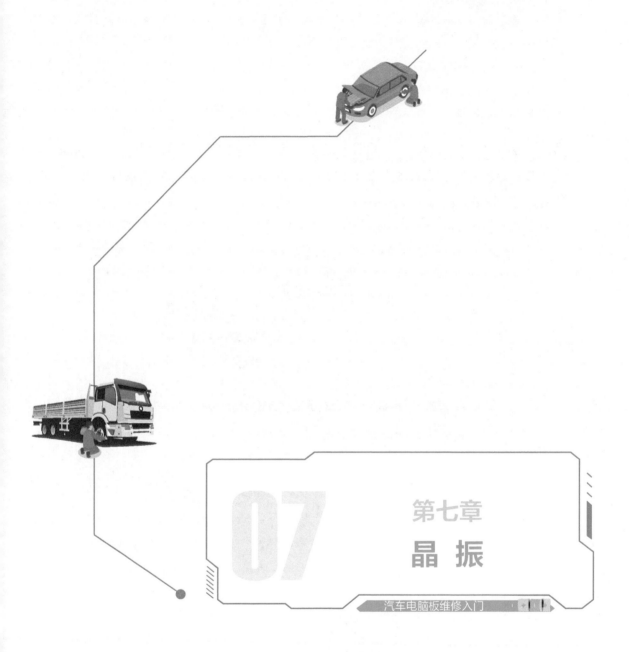

07

第七章

晶 振

汽车电脑板维修入门

1. 什么是晶振

晶振一般指晶体振荡器。从一块石英晶体上按一定方位角切下的薄片，简称为晶片。石英晶体谐振器是利用石英晶体的压电效应而制成的谐振元件。与半导体器件和阻容元件一起使用，便可构成石英晶体振荡器。

在封装内部添加集成电路（IC）组成振荡电路的晶体元件称为晶体振荡器

2. 晶振的制作方法

石英晶体振荡器的基本构成大致是：从一块石英晶体上按一定方位角切下薄片，在它的两个对应面上涂覆银层作为电极，在每个电极上各焊一根引线接到引脚上，再加上封装外壳就构成了石英晶体谐振器，简称为石英晶体或晶体、晶振。其产品一般用金属外壳封装，也有用玻璃壳、陶瓷或塑料封装的。

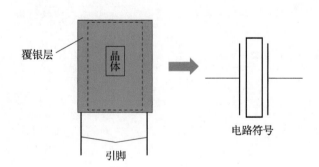

3. 晶振工作原理

在石英晶体的两个电极上加一电场，晶片就会产生机械变形；反之，若在晶片的两侧施加机械压力，则在晶片相应的方向上将产生电场，这种物理现象称为压电效应。

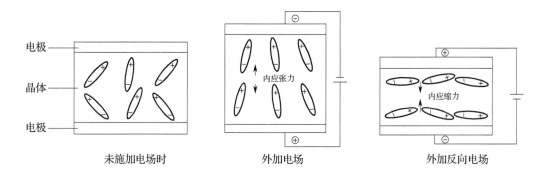

未施加电场时　　　　外加电场　　　　外加反向电场

晶片在某个方向施加外力时，在受外力的方向上会产生电位；同样在某个方向上施加电场会产生机械变形。如果在晶片的两极上加交变电压，晶片就会产生机械振动，同时晶片的机械振动又会产生交变电场。

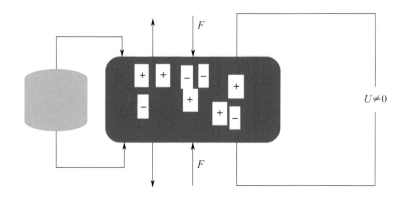

在一般情况下，晶片机械振动的振幅和交变电场的振幅非常微小，当外加交变电压的频率为某一特定值时，振幅明显加大，比其他频率下的振幅大得多，这种现象称为压电谐振，它与 LC 回路的谐振现象十分相似。它的谐振频率与晶片的切割方式、几何形状、尺寸等有关。

4. 有源晶振、无源晶振的应用电路

（1）无源晶振原理

将石英晶体切割后，用两个电极板夹住石英晶片就形成了无源晶振。

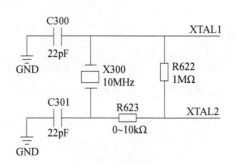

无源晶振原理

（2）有源晶振原理

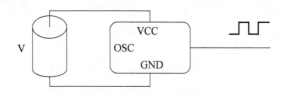

有源晶振，在外边施加适当的电压后，就可以输出预先设置好的周期性时钟信号。

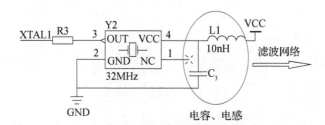

有源晶振原理

有源晶振内部包含无源晶振、阻容元件，放大器等电路。

有源晶振内部构造

5. 晶振与 CPU 的关系

CPU 需要复杂的时序电路完成不同的指令功能。时钟信号主要有两种方式：

1）内部方式，CPU 内部集成，通过芯片内部的振荡电路，产生时钟信号。

2）外部方式，时钟信号由外部输入 CPU，晶振就是芯片外部的时钟信号源。

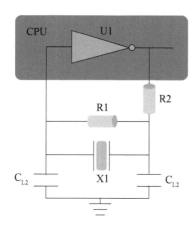

晶振与 CPU 连接图

时钟晶振的主要作用是通过分频电路向 CPU 提供基准频率，它就像 CPU 的"心脏"，按照设定好的频率跳动。如果晶振频率不稳定，就会造成 CPU 程序紊乱。

晶振通过分频电路产生时钟信号，然后将时钟信号输送给 CPU 及其他设备。

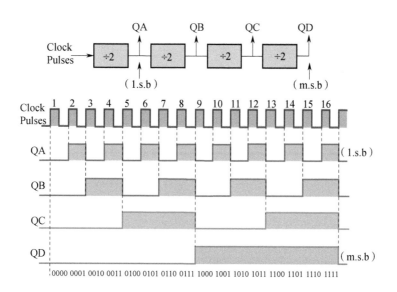

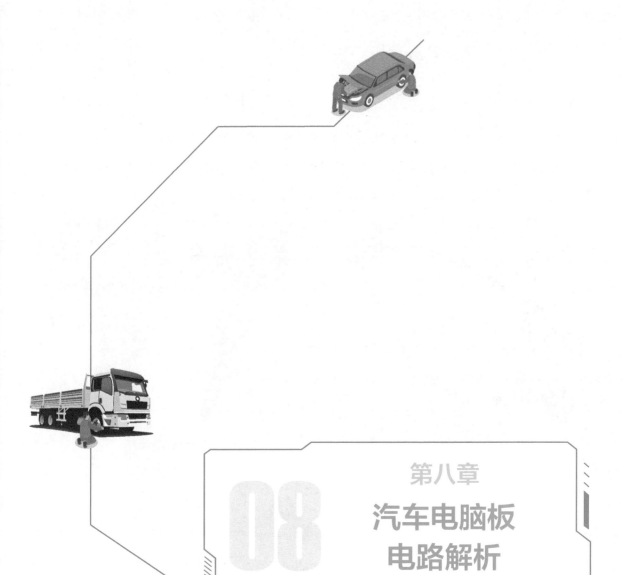

第八章

08

汽车电脑板
电路解析

01 ECU 维修常用工具

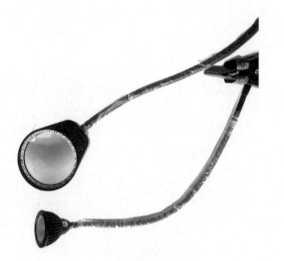

带灯放大镜

电动吸锡枪

电脑试验台

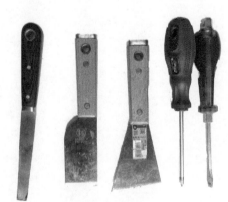

各种常用工具

松香焊锡刀具

芯片夹具

万用表

维修电源 0~30V

综合维修焊台

02 博世 EDC7 电脑板外观

正面

背面

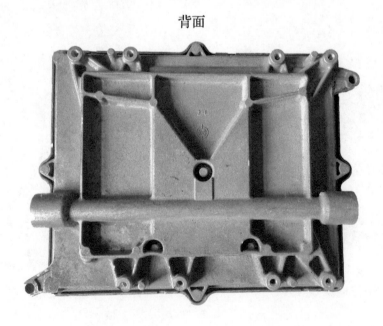

03 博世 EDC7 内部芯片介绍

博世 EDC7 内部芯片介绍（一）

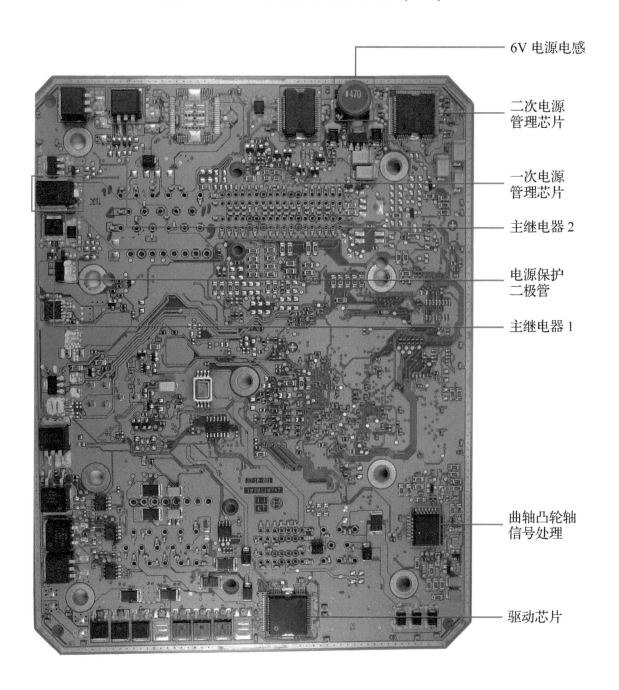

6V 电源电感

二次电源
管理芯片

一次电源
管理芯片

主继电器 2

电源保护
二极管

主继电器 1

曲轴凸轮轴
信号处理

驱动芯片

博世 EDC7 内部芯片介绍（二）

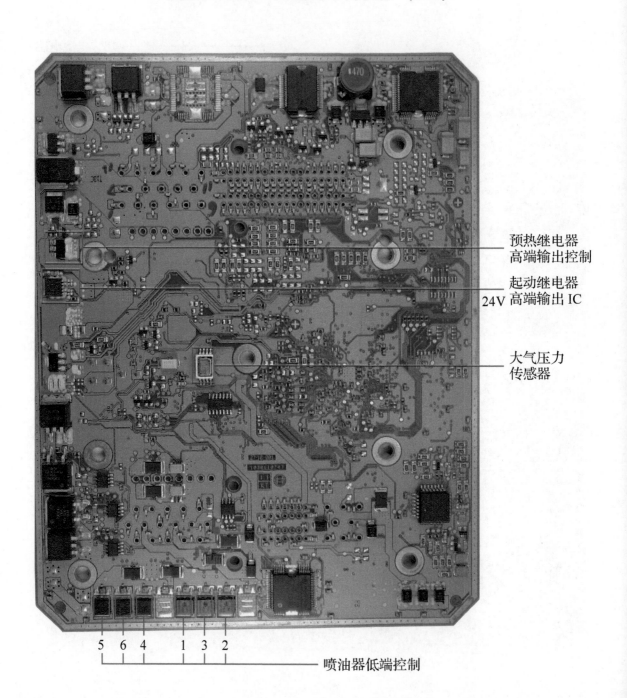

预热继电器
高端输出控制

起动继电器
24V 高端输出 IC

大气压力
传感器

5　6　4　　1　3　2

喷油器低端控制

博世 EDC7 内部芯片介绍（三）

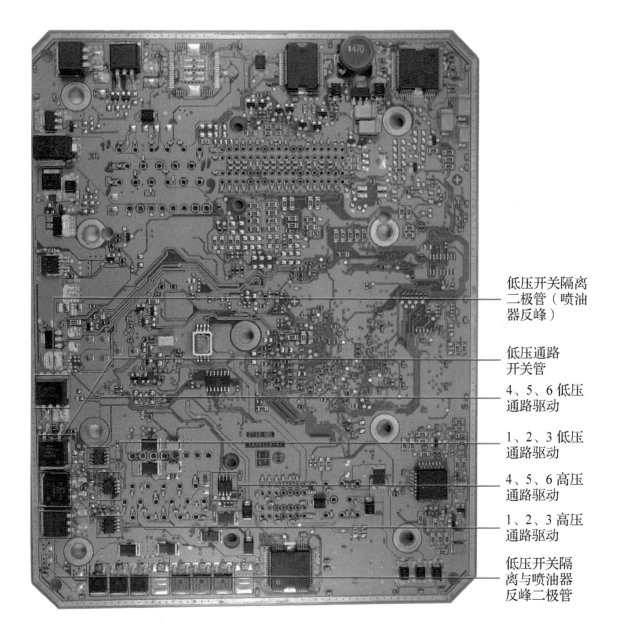

低压开关隔离
二极管（喷油
器反峰）

低压通路
开关管

4、5、6 低压
通路驱动

1、2、3 低压
通路驱动

4、5、6 高压
通路驱动

1、2、3 高压
通路驱动

低压开关隔
离与喷油器
反峰二极管

博世 EDC7 内部芯片介绍（四）

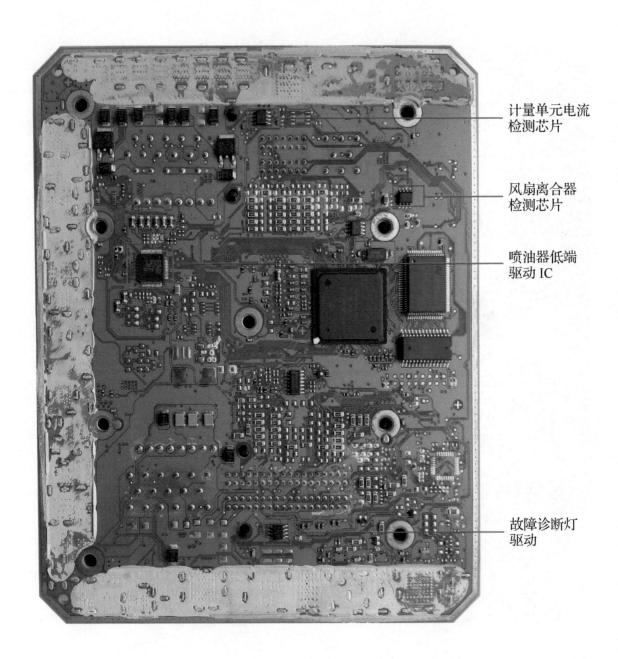

计量单元电流
检测芯片

风扇离合器
检测芯片

喷油器低端
驱动 IC

故障诊断灯
驱动

博世 EDC7 内部芯片介绍（五）

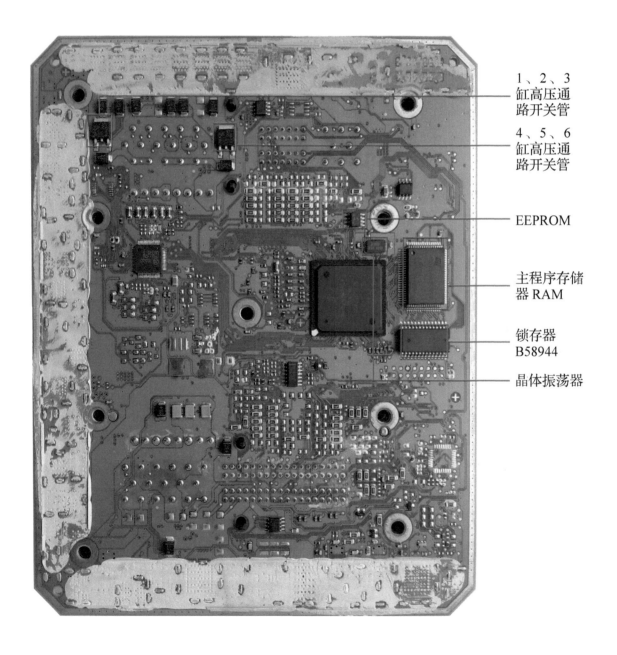

1、2、3
缸高压通
路开关管

4、5、6
缸高压通
路开关管

EEPROM

主程序存储
器 RAM

锁存器
B58944

晶体振荡器

博世 EDC7 内部芯片介绍（六）

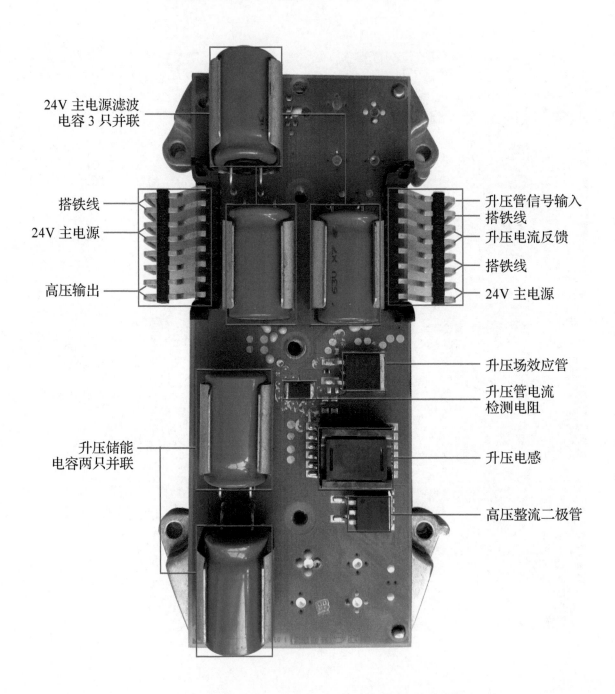

24V 主电源滤波
电容 3 只并联

搭铁线

24V 主电源

高压输出

升压管信号输入
搭铁线

升压电流反馈

搭铁线

24V 主电源

升压场效应管

升压管电流
检测电阻

升压储能
电容两只并联

升压电感

高压整流二极管

04 博世 EDC16C39 电脑板外观

正面

背面

05 博世 EDC16C39 内部芯片介绍

博世 EDC16C39 内部芯片介绍（一）

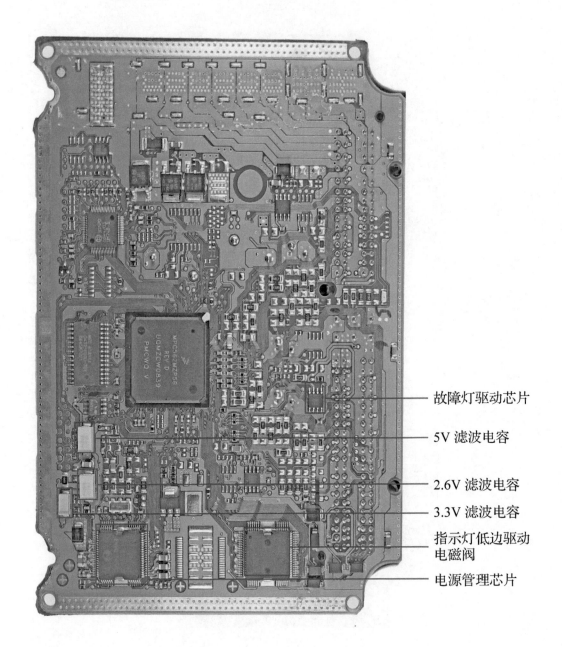

故障灯驱动芯片

5V 滤波电容

2.6V 滤波电容

3.3V 滤波电容

指示灯低边驱动
电磁阀

电源管理芯片

博世 EDC16C39 内部芯片介绍（二）

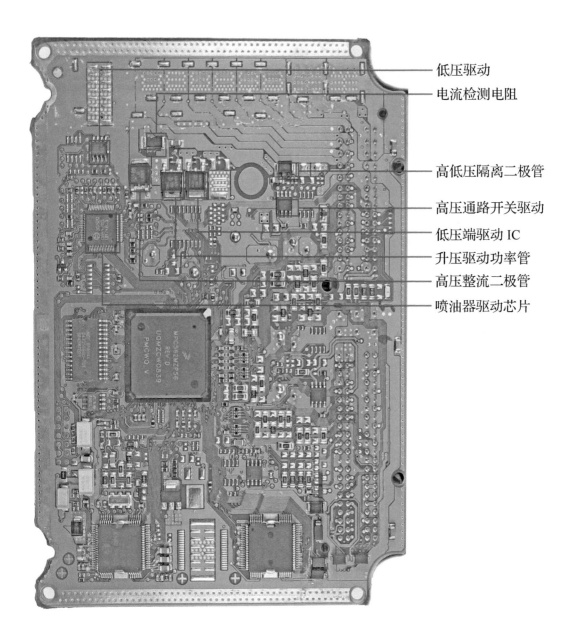

低压驱动

电流检测电阻

高低压隔离二极管

高压通路开关驱动

低压端驱动 IC

升压驱动功率管

高压整流二极管

喷油器驱动芯片

博世 EDC16C39 内部芯片介绍（三）

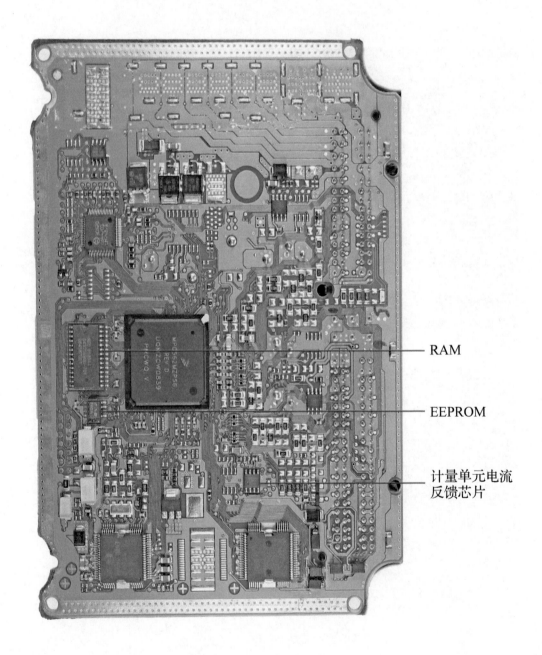

RAM

EEPROM

计量单元电流
反馈芯片

博世 EDC16C39 内部芯片介绍（四）

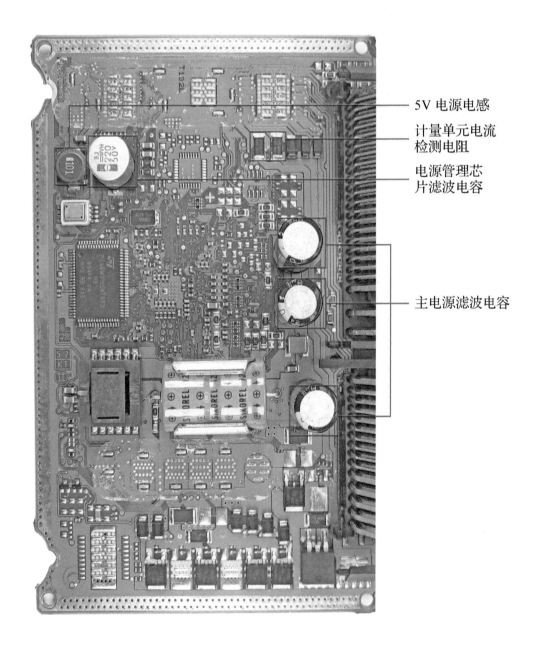

5V 电源电感

计量单元电流检测电阻

电源管理芯片滤波电容

主电源滤波电容

博世 EDC16C39 内部芯片介绍（五）

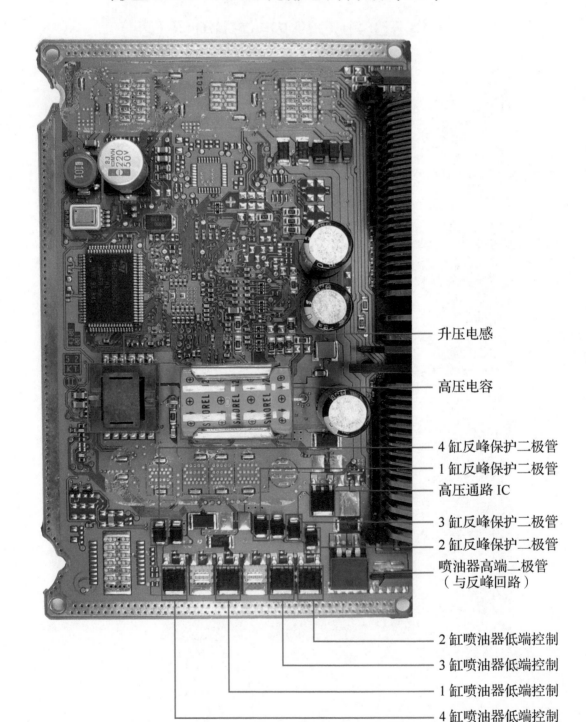

升压电感

高压电容

4 缸反峰保护二极管

1 缸反峰保护二极管

高压通路 IC

3 缸反峰保护二极管

2 缸反峰保护二极管

喷油器高端二极管
（与反峰回路）

2 缸喷油器低端控制

3 缸喷油器低端控制

1 缸喷油器低端控制

4 缸喷油器低端控制

博世 EDC16C39 内部芯片介绍（六）

大气压力传感器

晶振

主程序存储器

06 博世 EDC16UC40 电脑板外观

正面

背面

07 博世 EDC16UC40 内部芯片介绍

博世 EDC16UC40 内部芯片介绍（一）

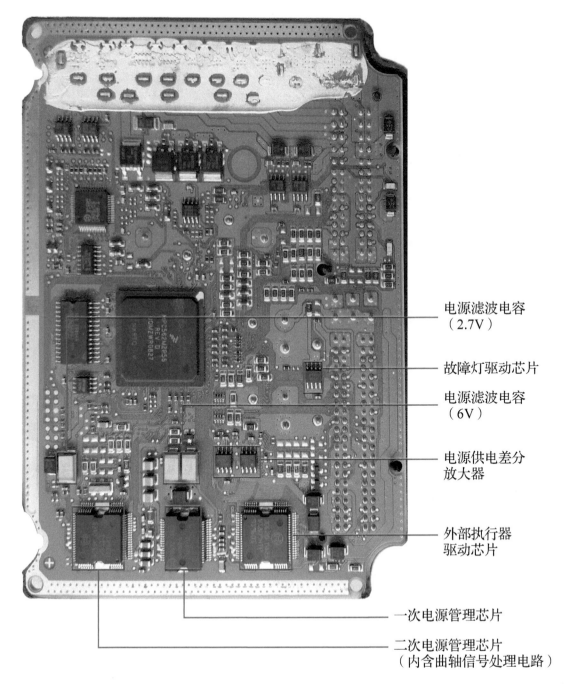

电源滤波电容
（2.7V）

故障灯驱动芯片

电源滤波电容
（6V）

电源供电差分
放大器

外部执行器
驱动芯片

一次电源管理芯片

二次电源管理芯片
（内含曲轴信号处理电路）

博世 EDC16UC40 内部芯片介绍（二）

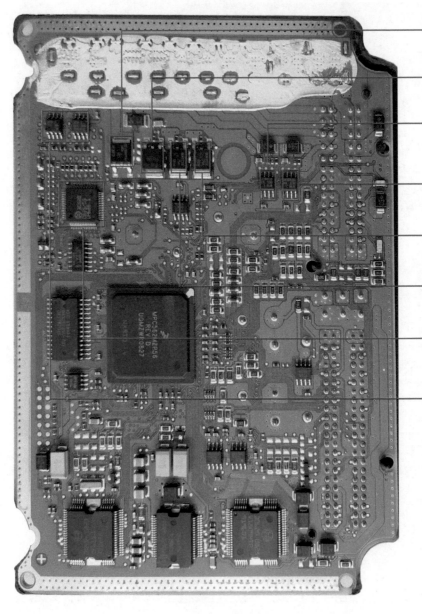

升压整流二极管

喷油器升压电感
开关功率管

喷油器 1、2、3 缸
高压开启驱动 IC

喷油器 4、5、6 缸
高压开启驱动 IC

喷油器 4、5、6 缸
低压维持开关管

喷油器 1、2、3 缸
低压维持开关管

喷油器信号处理
（内含升压驱动信号）

喷油器低压维持
驱动 IC

博世 EDC16UC40 内部芯片介绍（三）

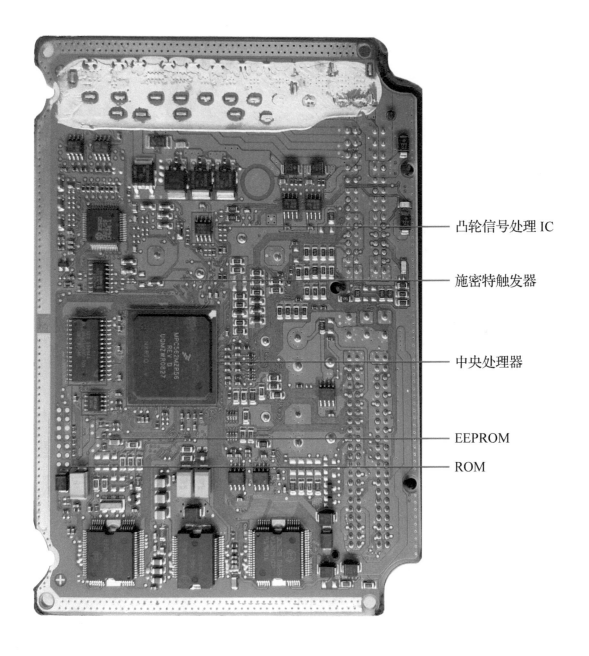

凸轮信号处理 IC

施密特触发器

中央处理器

EEPROM

ROM

博世 EDC16UC40 内部芯片介绍（四）

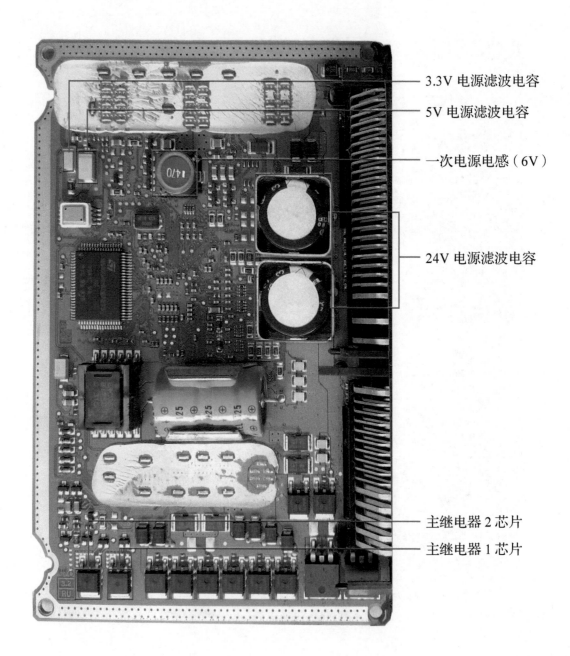

3.3V 电源滤波电容

5V 电源滤波电容

一次电源电感（6V）

24V 电源滤波电容

主继电器 2 芯片

主继电器 1 芯片

博世 EDC16UC40 内部芯片介绍（五）

RAM 主程序存储 IC

喷油器 2 缸低端控制

喷油器 3 缸低端控制

喷油器 1 缸低端控制

喷油器 6 缸低端控制

喷油器 4 缸低端控制

喷油器 5 缸低端控制

博世 EDC16UC40 内部芯片介绍（六）

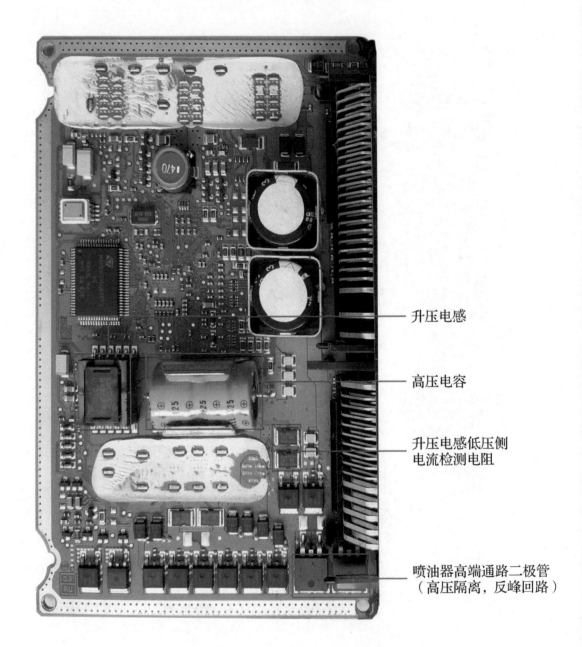

升压电感

高压电容

升压电感低压侧
电流检测电阻

喷油器高端通路二极管
（高压隔离，反峰回路）

博世 EDC16UC40 内部芯片介绍（七）

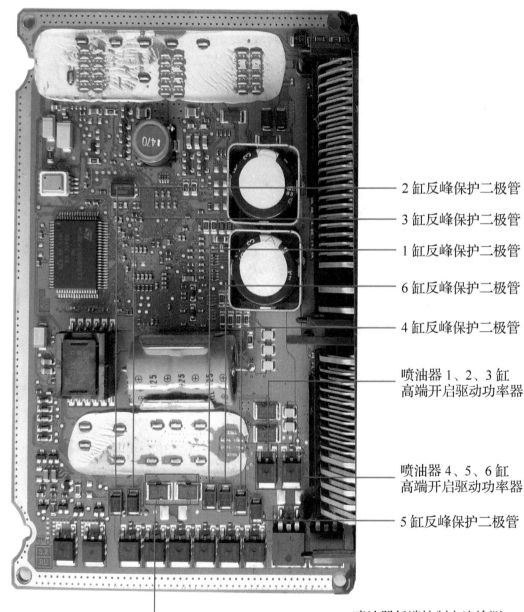

2 缸反峰保护二极管

3 缸反峰保护二极管

1 缸反峰保护二极管

6 缸反峰保护二极管

4 缸反峰保护二极管

喷油器 1、2、3 缸
高端开启驱动功率器

喷油器 4、5、6 缸
高端开启驱动功率器

5 缸反峰保护二极管

喷油器低端控制电流检测

08 博世 EDC16C8 电脑板外观

正面

背面

09　博世 EDC16C8 内部芯片介绍

博世 EDC16C8 内部芯片介绍（一）

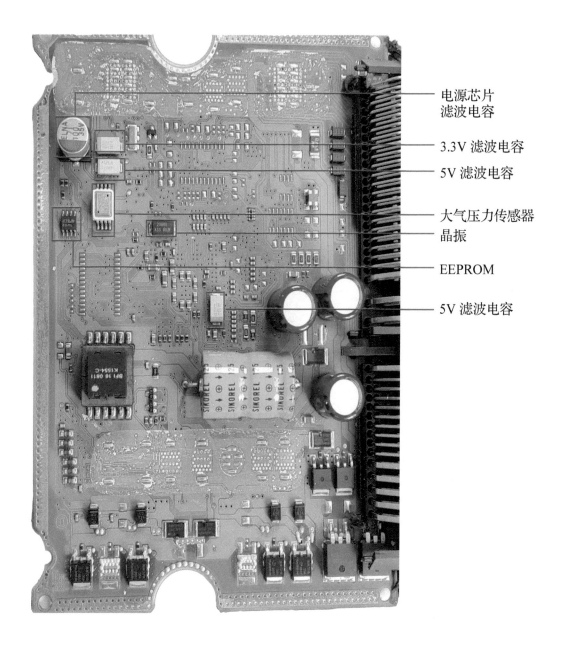

电源芯片
滤波电容

3.3V 滤波电容

5V 滤波电容

大气压力传感器
晶振

EEPROM

5V 滤波电容

博世 EDC16C8 内部芯片介绍（二）

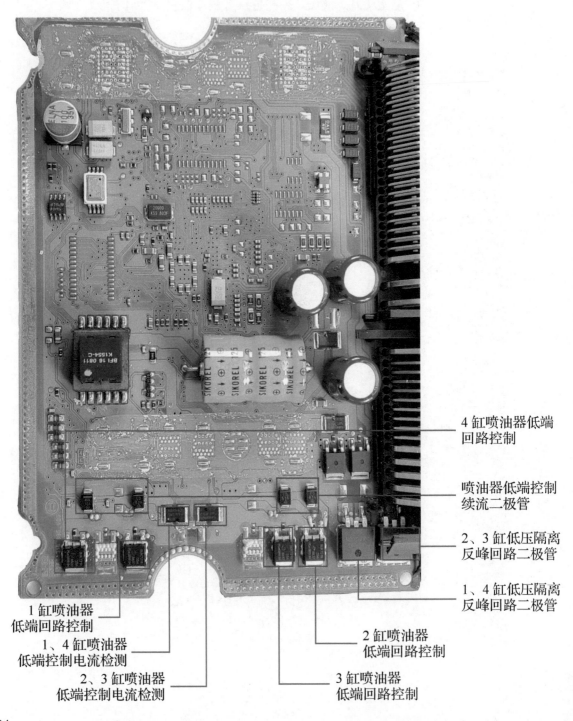

4 缸喷油器低端
回路控制

喷油器低端控制
续流二极管

2、3 缸低压隔离
反峰回路二极管

1、4 缸低压隔离
反峰回路二极管

1 缸喷油器
低端回路控制

1、4 缸喷油器
低端控制电流检测

2、3 缸喷油器
低端控制电流检测

3 缸喷油器
低端回路控制

2 缸喷油器
低端回路控制

博世 EDC16C8 内部芯片介绍（三）

5V 滤波电容

高压储能电容

主电源滤波电容

喷油器低压供电
电流检测电阻

2、3 缸高压
通路开关管

高压
开启

1、4 缸高压
通路开关管

升压电感供电
电流检测电阻

升压电感

博世 EDC16C8 内部芯片介绍（四）

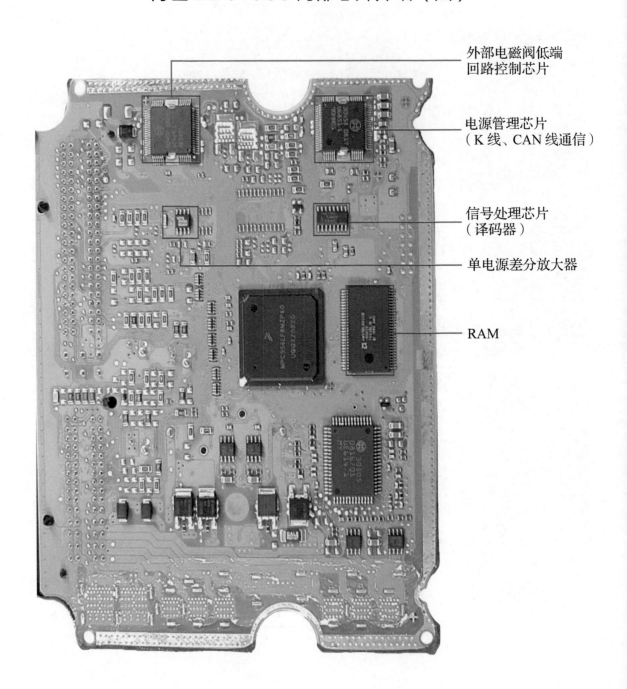

外部电磁阀低端
回路控制芯片

电源管理芯片
（K 线、CAN 线通信）

信号处理芯片
（译码器）

单电源差分放大器

RAM

博世 EDC16C8 内部芯片介绍（五）

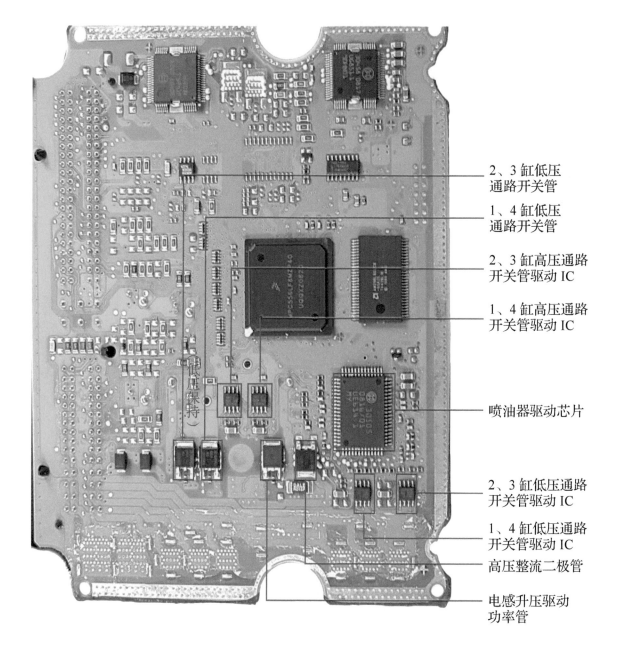

2、3 缸低压
通路开关管

1、4 缸低压
通路开关管

2、3 缸高压通路
开关管驱动 IC

1、4 缸高压通路
开关管驱动 IC

喷油器驱动芯片

2、3 缸低压通路
开关管驱动 IC

1、4 缸低压通路
开关管驱动 IC

高压整流二极管

电感升压驱动
功率管

10 博世 EDC17C55 电脑板外观

正面

背面

11 博世 EDC17C55 内部芯片介绍

博世 EDC17C55 内部芯片介绍（一）

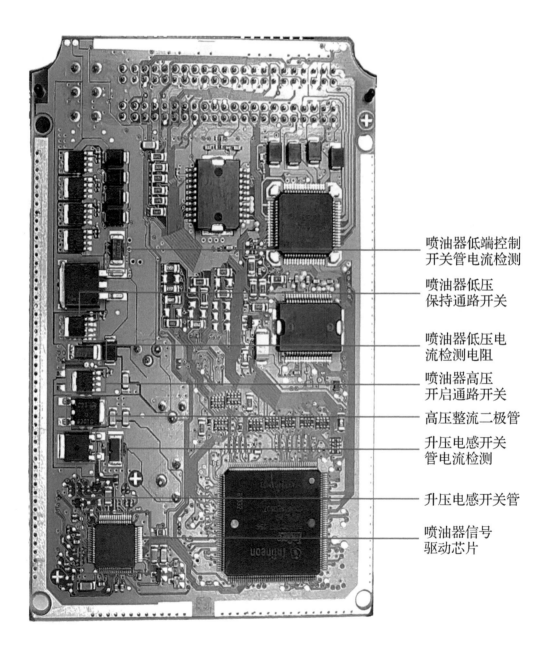

喷油器低端控制
开关管电流检测

喷油器低压
保持通路开关

喷油器低压电
流检测电阻

喷油器高压
开启通路开关

高压整流二极管

升压电感开关
管电流检测

升压电感开关管

喷油器信号
驱动芯片

博世 EDC17C55 内部芯片介绍（二）

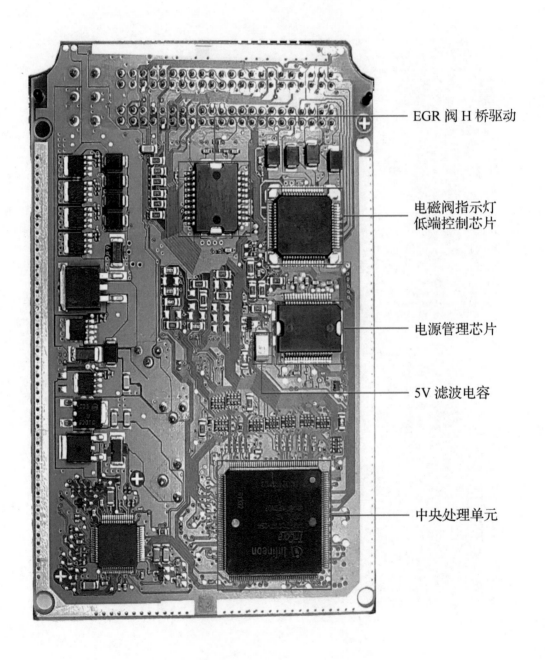

EGR 阀 H 桥驱动

电磁阀指示灯
低端控制芯片

电源管理芯片

5V 滤波电容

中央处理单元

博世 EDC17C55 内部芯片介绍 （三）

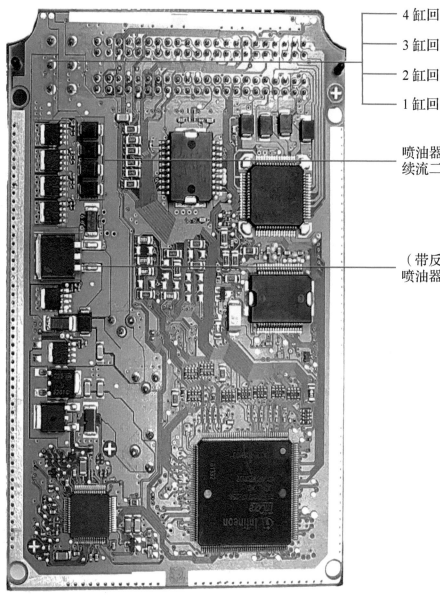

4 缸回路控制开关管

3 缸回路控制开关管

2 缸回路控制开关管

1 缸回路控制开关管

喷油器低端回路
续流二极管

（带反峰回路）
喷油器高端二极管

博世 EDC17C55 内部芯片介绍（四）

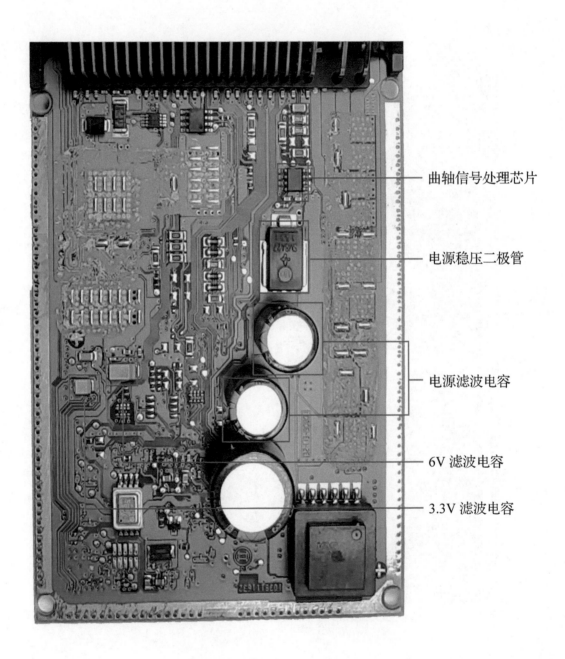

曲轴信号处理芯片

电源稳压二极管

电源滤波电容

6V 滤波电容

3.3V 滤波电容

博世 EDC17C55 内部芯片介绍 （五）

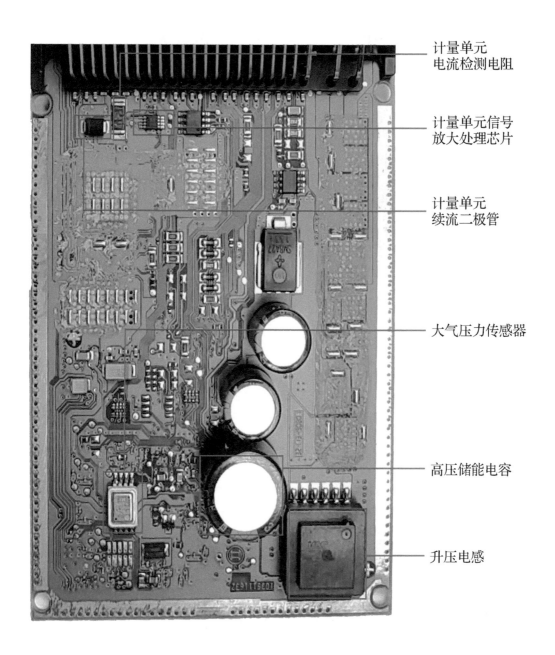

计量单元
电流检测电阻

计量单元信号
放大处理芯片

计量单元
续流二极管

大气压力传感器

高压储能电容

升压电感

12 博世 EDC17CV44 电脑板外观

正面

背面

13　博世 EDC17CV44 内部芯片介绍

博世 EDC17CV44 内部芯片介绍（一）

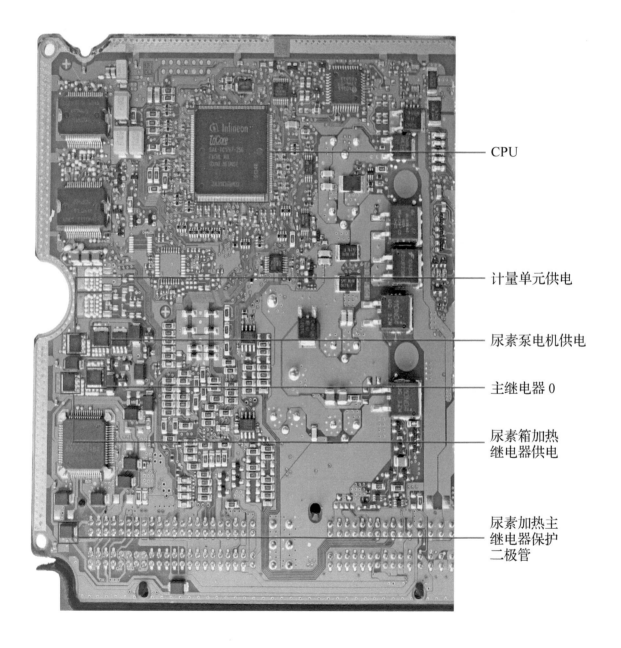

- CPU
- 计量单元供电
- 尿素泵电机供电
- 主继电器 0
- 尿素箱加热继电器供电
- 尿素加热主继电器保护二极管

博世 EDC17CV44 内部芯片介绍（二）

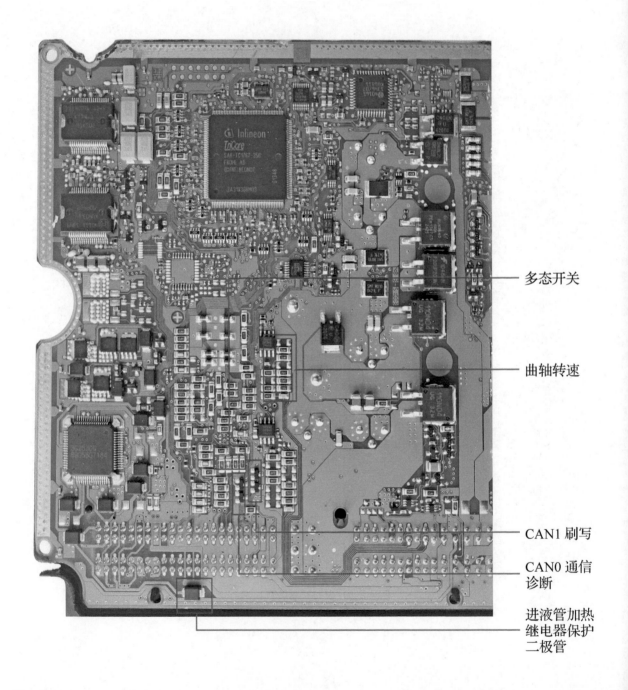

多态开关

曲轴转速

CAN1 刷写

CAN0 通信
诊断

进液管加热
继电器保护
二极管

博世 EDC17CV44 内部芯片介绍（三）

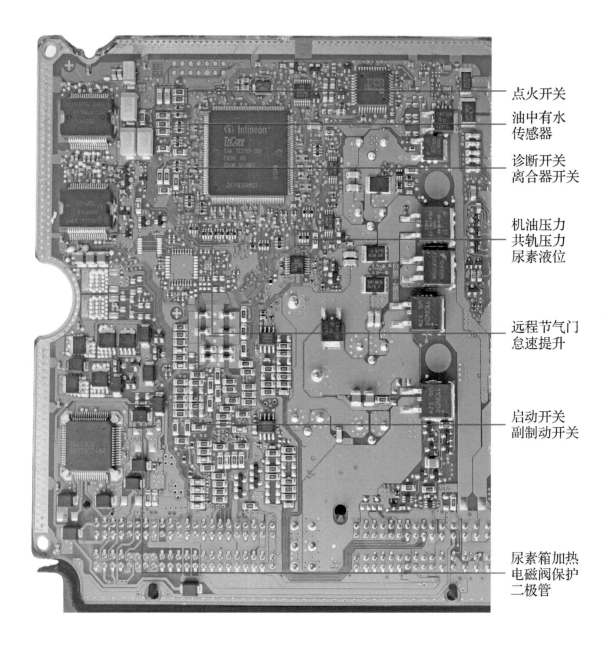

点火开关

油中有水
传感器

诊断开关
离合器开关

机油压力
共轨压力
尿素液位

远程节气门
怠速提升

启动开关
副制动开关

尿素箱加热
电磁阀保护
二极管

博世 EDC17CV44 内部芯片介绍 （四）

大气压力传感器

K 线控制

保护二极管

高压储能电容

车速信号

回流管加热
继电器控制
保护二极管

尿素泵加热
继电器保护
二极管

博世 EDC17CV44 内部芯片介绍（五）

尿素反向阀控制　尿素喷嘴控制　尿素喷嘴控制　尿素泵反向阀供电
尿素喷嘴供电
尿素喷嘴供电二极管

博世 EDC17CV44 内部芯片介绍（六）

喷油驱动　　4、5、6 缸保护二极管　　　4、5、6 缸高压隔离

1、2、3 缸高压隔离　　4、5、6 缸喷油检测电阻　　1、2、3 缸喷油检测电阻

博世 EDC17CV44 内部芯片介绍（七）

5 缸回路　　6 缸回路　　4 缸回路　　1 缸回路　　3 缸回路　　2 缸回路

14 潍柴自主大陆马牌电脑板外观

正面

背面

15 潍柴自主大陆马牌内部芯片介绍

潍柴自主大陆马牌内部芯片介绍（一）

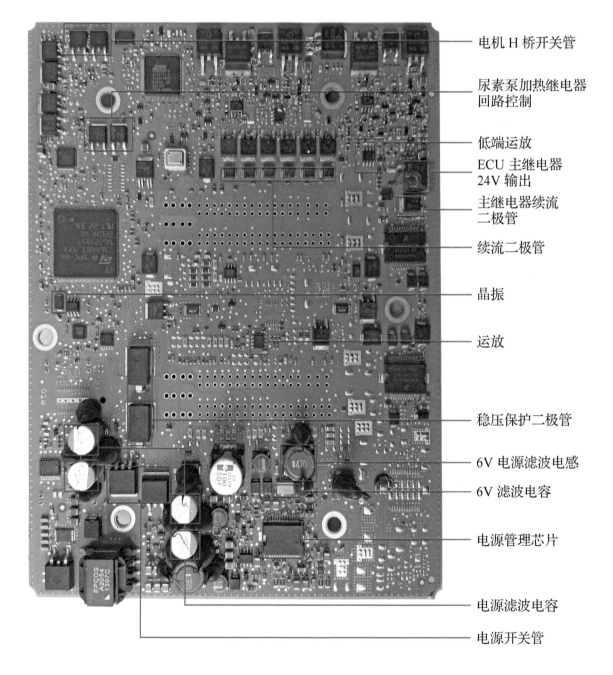

- 电机 H 桥开关管
- 尿素泵加热继电器回路控制
- 低端运放
- ECU 主继电器 24V 输出
- 主继电器续流二极管
- 续流二极管
- 晶振
- 运放
- 稳压保护二极管
- 6V 电源滤波电感
- 6V 滤波电容
- 电源管理芯片
- 电源滤波电容
- 电源开关管

潍柴自主大陆马牌内部芯片介绍（二）

电机 H 桥开关管

电机 H 桥开关管

计算单元 24V 开关管

尿素泵加热继电器回路控制

驱动信号芯片

计算单元 24V 续流二极管

外部电磁阀继电器回路控制

计量单元 PWM 控制芯片

潍柴自主大陆马牌内部芯片介绍（三）

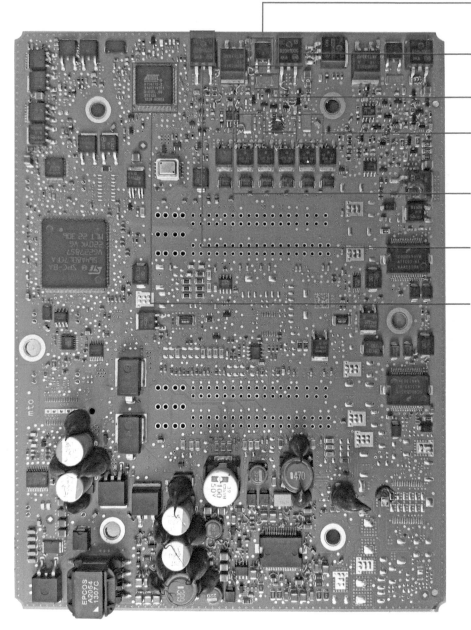

1、2、3 缸喷油器高压开启功率管

1、2、3 缸喷油器低压隔离二极管

1、2、3 缸喷油器高端电流检测电阻

高端电流检测

1、2、3 缸喷油器高端通路开关管

1、2、3 缸喷油器反峰回路二极管

喷油器信号驱动

潍柴自主大陆马牌内部芯片介绍（四）

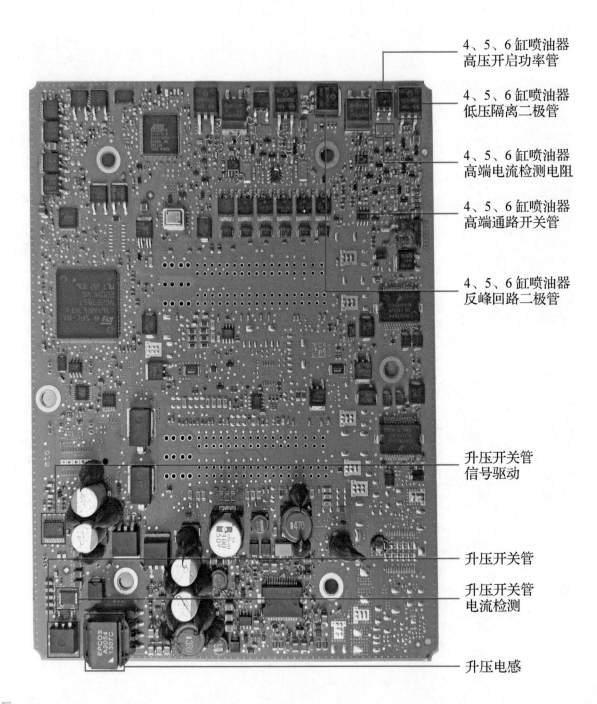

4、5、6缸喷油器
高压开启功率管

4、5、6缸喷油器
低压隔离二极管

4、5、6缸喷油器
高端电流检测电阻

4、5、6缸喷油器
高端通路开关管

4、5、6缸喷油器
反峰回路二极管

升压开关管
信号驱动

升压开关管

升压开关管
电流检测

升压电感

潍柴自主大陆马牌内部芯片介绍（五）

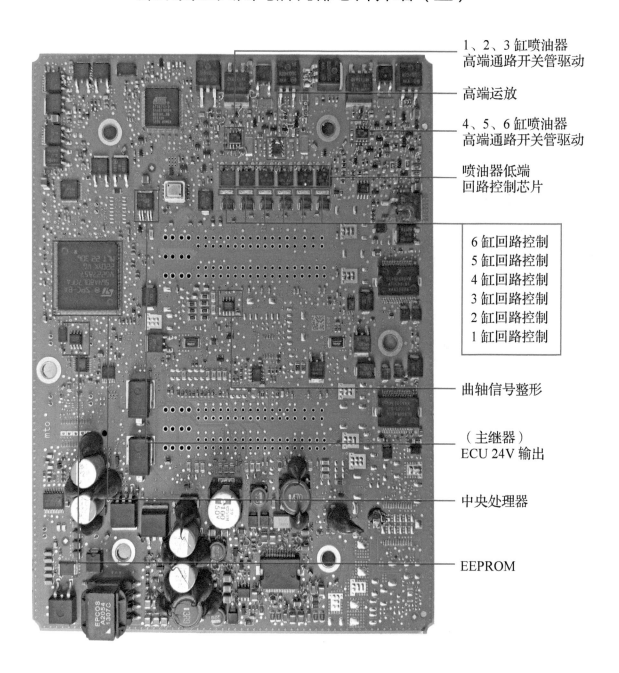

1、2、3 缸喷油器
高端通路开关管驱动

高端运放

4、5、6 缸喷油器
高端通路开关管驱动

喷油器低端
回路控制芯片

6 缸回路控制
5 缸回路控制
4 缸回路控制
3 缸回路控制
2 缸回路控制
1 缸回路控制

曲轴信号整形

（主继器）
ECU 24V 输出

中央处理器

EEPROM

潍柴自主大陆马牌内部芯片介绍（六）

凸轮轴信号整形

CAN 通信模块

16　锡柴自主马牌电脑板外观

正面

背面

17 锡柴自主马牌内部芯片介绍

锡柴自主马牌内部芯片介绍（一）

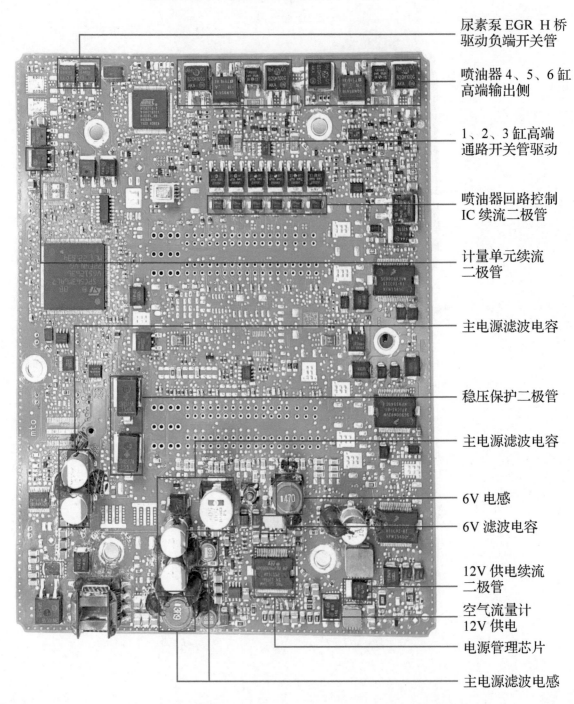

尿素泵 EGR H 桥驱动负端开关管

喷油器 4、5、6 缸高端输出侧

1、2、3 缸高端通路开关管驱动

喷油器回路控制 IC 续流二极管

计量单元续流二极管

主电源滤波电容

稳压保护二极管

主电源滤波电容

6V 电感

6V 滤波电容

12V 供电续流二极管

空气流量计 12V 供电

电源管理芯片

主电源滤波电感

锡柴自主马牌内部芯片介绍（二）

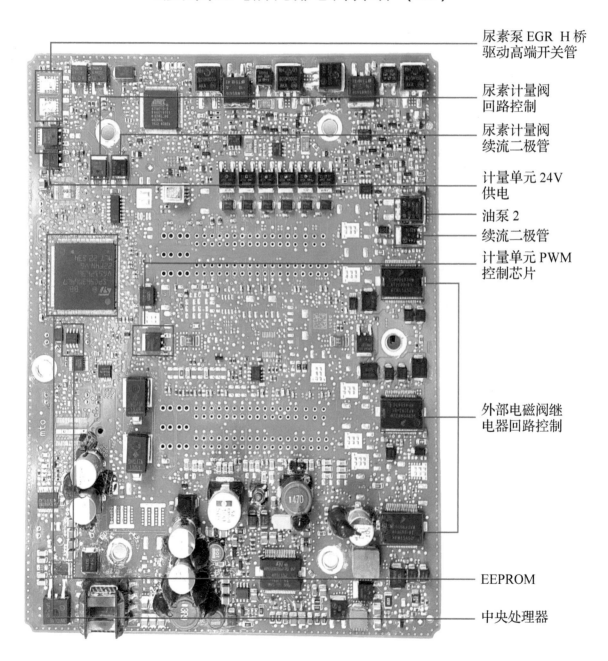

尿素泵 EGR H 桥
驱动高端开关管

尿素计量阀
回路控制

尿素计量阀
续流二极管

计量单元 24V
供电

油泵 2

续流二极管

计量单元 PWM
控制芯片

外部电磁阀继
电器回路控制

EEPROM

中央处理器

锡柴自主马牌内部芯片介绍（三）

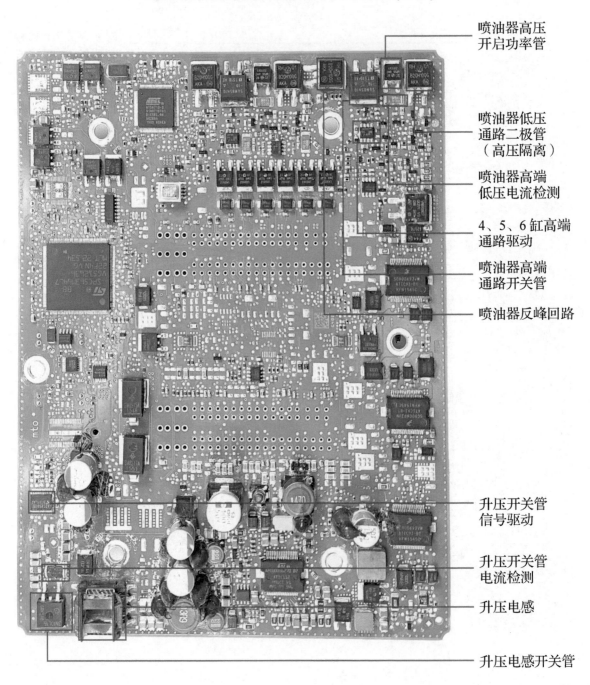

喷油器高压
开启功率管

喷油器低压
通路二极管
（高压隔离）

喷油器高端
低压电流检测

4、5、6缸高端
通路驱动

喷油器高端
通路开关管

喷油器反峰回路

升压开关管
信号驱动

升压开关管
电流检测

升压电感

升压电感开关管

锡柴自主马牌内部芯片介绍 （四）

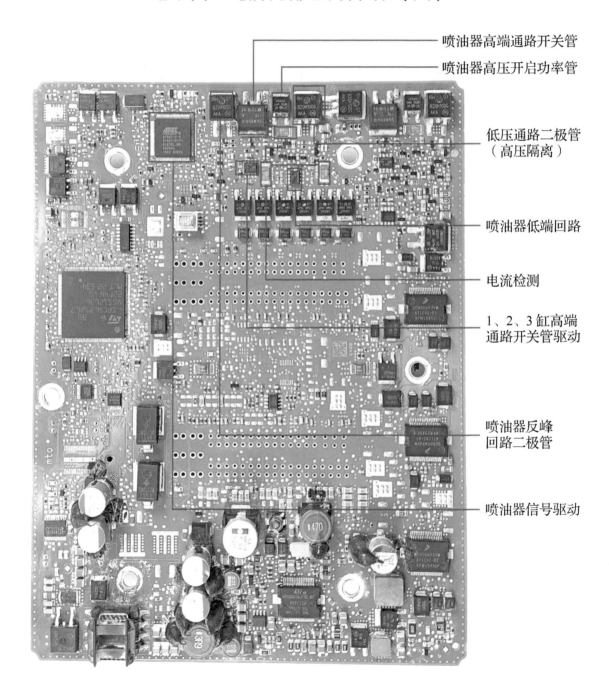

喷油器高端通路开关管

喷油器高压开启功率管

低压通路二极管
（高压隔离）

喷油器低端回路

电流检测

1、2、3缸高端
通路开关管驱动

喷油器反峰
回路二极管

喷油器信号驱动

锡柴自主马牌内部芯片介绍（五）

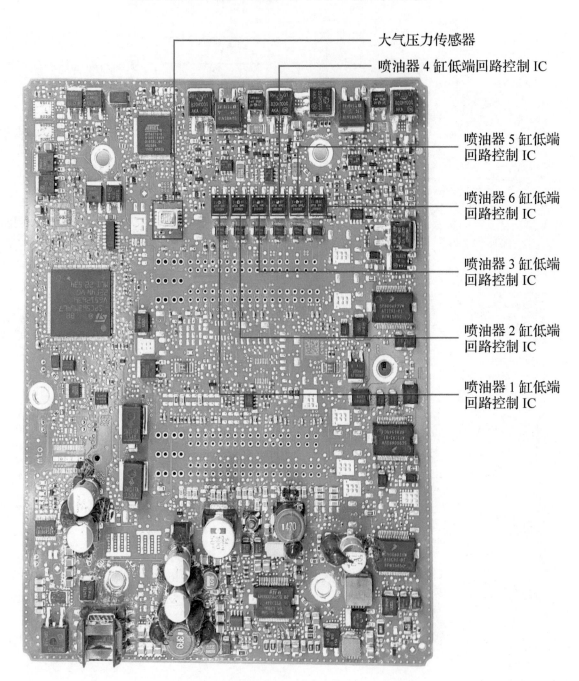

大气压力传感器

喷油器 4 缸低端回路控制 IC

喷油器 5 缸低端回路控制 IC

喷油器 6 缸低端回路控制 IC

喷油器 3 缸低端回路控制 IC

喷油器 2 缸低端回路控制 IC

喷油器 1 缸低端回路控制 IC

锡柴自主马牌内部芯片介绍（六）

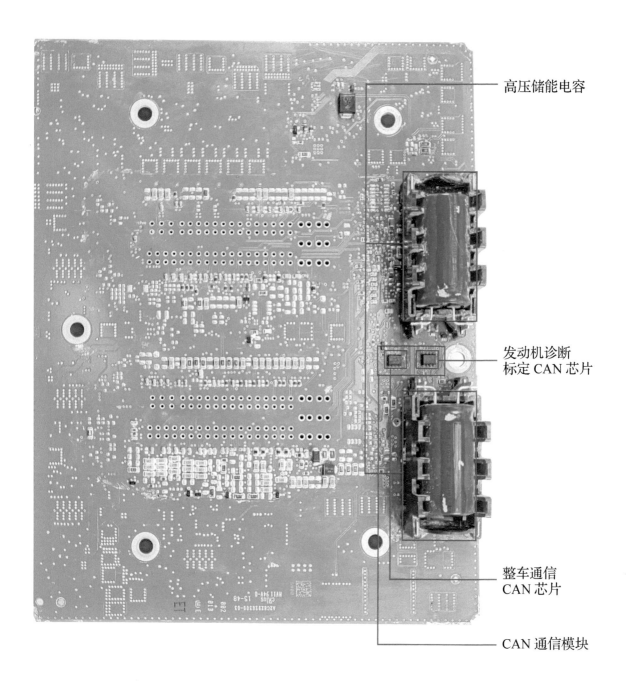

高压储能电容

发动机诊断
标定 CAN 芯片

整车通信
CAN 芯片

CAN 通信模块

18 康明斯 CM800 电脑板外观

正面

背面

19 康明斯 CM800 内部芯片介绍

康明斯 CM800 内部芯片介绍 (一)

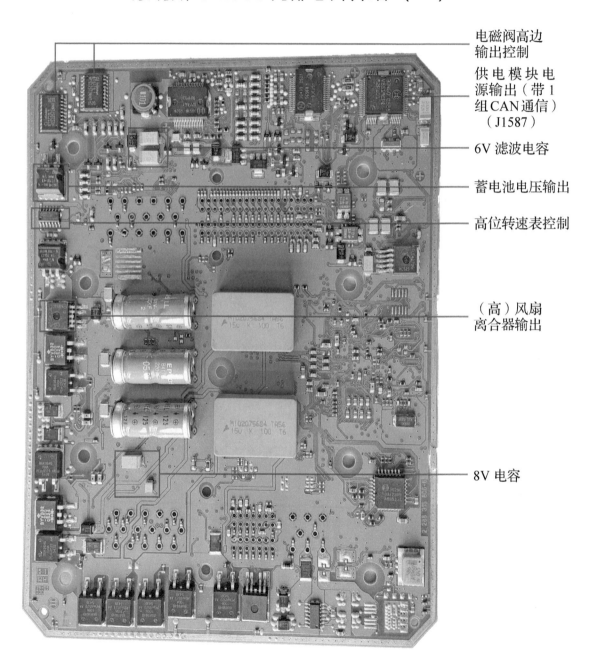

电磁阀高边输出控制

供电模块电源输出（带1组CAN通信）（J1587）

6V 滤波电容

蓄电池电压输出

高位转速表控制

（高）风扇离合器输出

8V 电容

康明斯 CM800 内部芯片介绍（二）

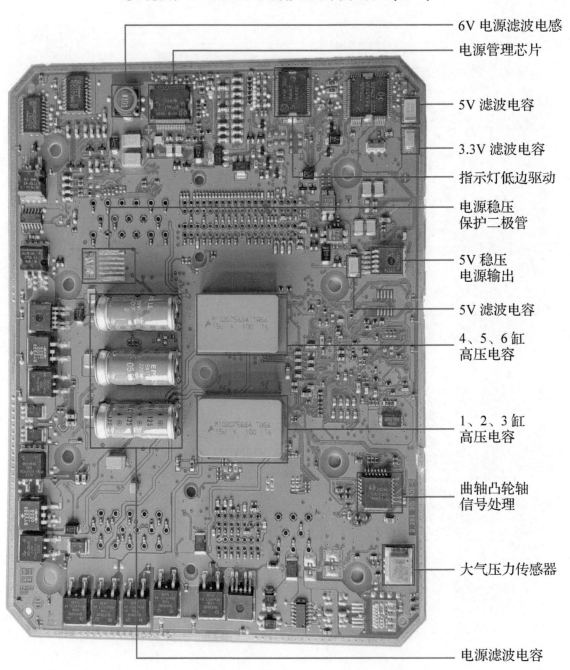

6V 电源滤波电感

电源管理芯片

5V 滤波电容

3.3V 滤波电容

指示灯低边驱动

电源稳压
保护二极管

5V 稳压
电源输出

5V 滤波电容

4、5、6 缸
高压电容

1、2、3 缸
高压电容

曲轴凸轮轴
信号处理

大气压力传感器

电源滤波电容

康明斯 CM800 内部芯片介绍（三）

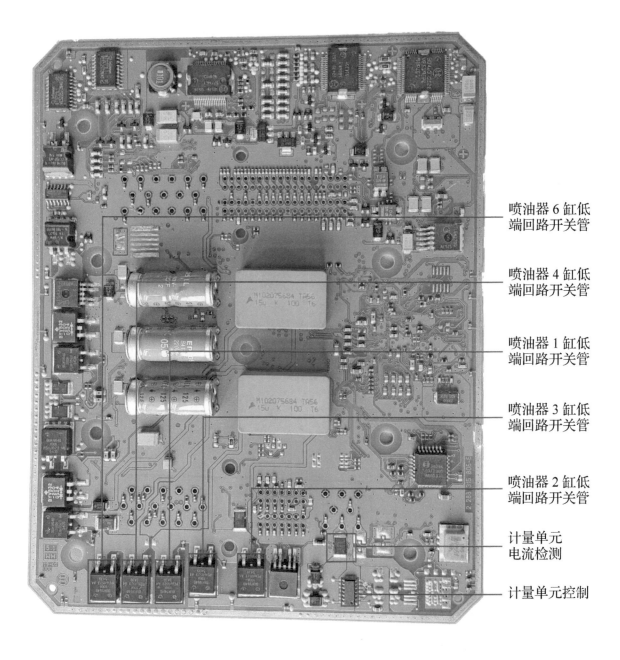

喷油器 6 缸低
端回路开关管

喷油器 4 缸低
端回路开关管

喷油器 1 缸低
端回路开关管

喷油器 3 缸低
端回路开关管

喷油器 2 缸低
端回路开关管

计量单元
电流检测

计量单元控制

康明斯 CM800 内部芯片介绍（四）

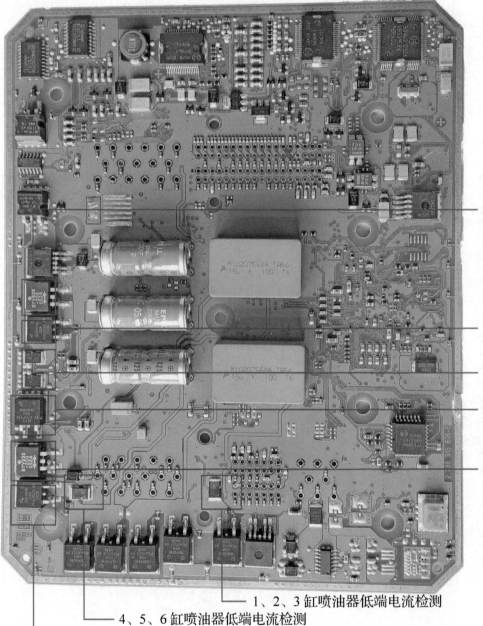

1、2、3 缸高端喷油器双向高速通路二极管控制

喷油器低压通路开关管

低压通路电流检测

喷油器低压通路开关管

4、5、6 缸高端喷油器双向高速通路二极管控制

1、2、3 缸喷油器低端电流检测

4、5、6 缸喷油器低端电流检测

5 缸喷油器低端回路

康明斯 CM800 内部芯片介绍（五）

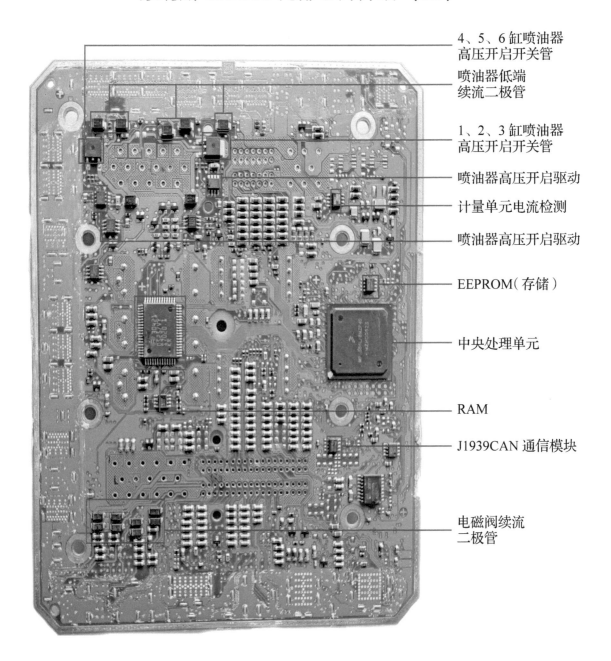

4、5、6 缸喷油器
高压开启开关管

喷油器低端
续流二极管

1、2、3 缸喷油器
高压开启开关管

喷油器高压开启驱动

计量单元电流检测

喷油器高压开启驱动

EEPROM（存储）

中央处理单元

RAM

J1939CAN 通信模块

电磁阀续流
二极管

20 康明斯 CM2220 电脑板外观

正面

背面

21 康明斯 CM2220 内部芯片介绍

康明斯 CM2220 内部芯片介绍 （一）

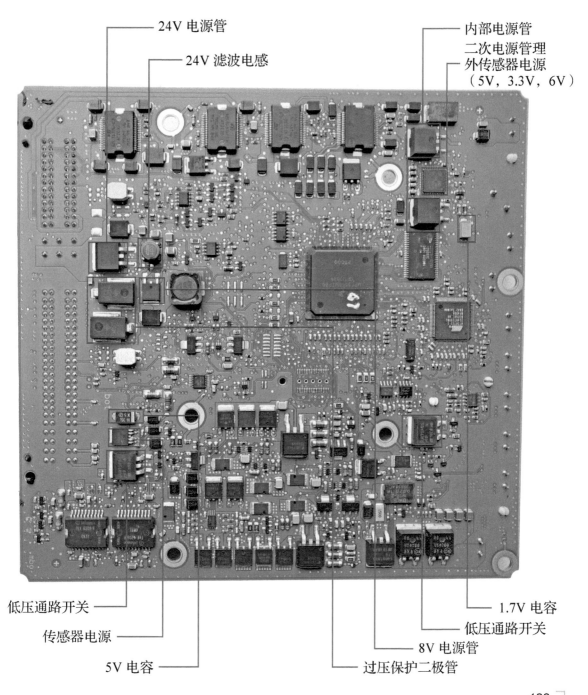

24V 电源管

24V 滤波电感

内部电源管
二次电源管理
外传感器电源
（5V，3.3V，6V）

低压通路开关

传感器电源

5V 电容

过压保护二极管

8V 电源管

低压通路开关

1.7V 电容

康明斯 CM2220 内部芯片介绍 （二）

CAN 通信滤波

外部继电器
电磁阀驱动

低边控制
（如故障灯、起动灯）

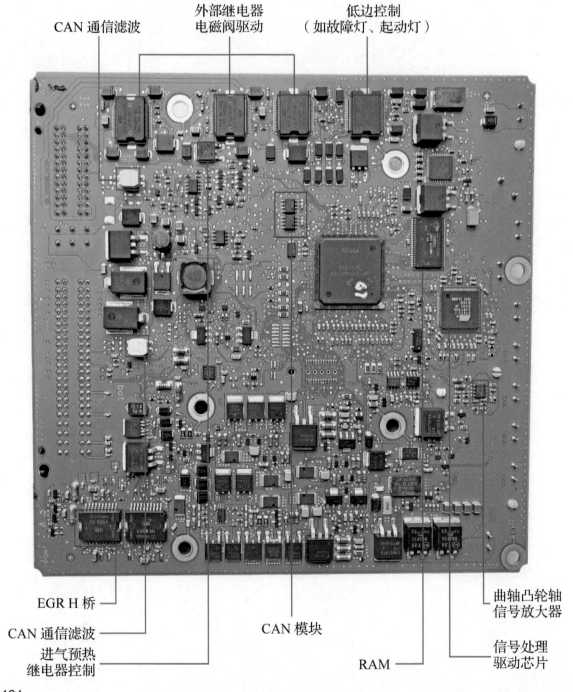

EGR H 桥

CAN 通信滤波

进气预热
继电器控制

CAN 模块

RAM

曲轴凸轮轴
信号放大器

信号处理
驱动芯片

康明斯 CM2220 内部芯片介绍（三）

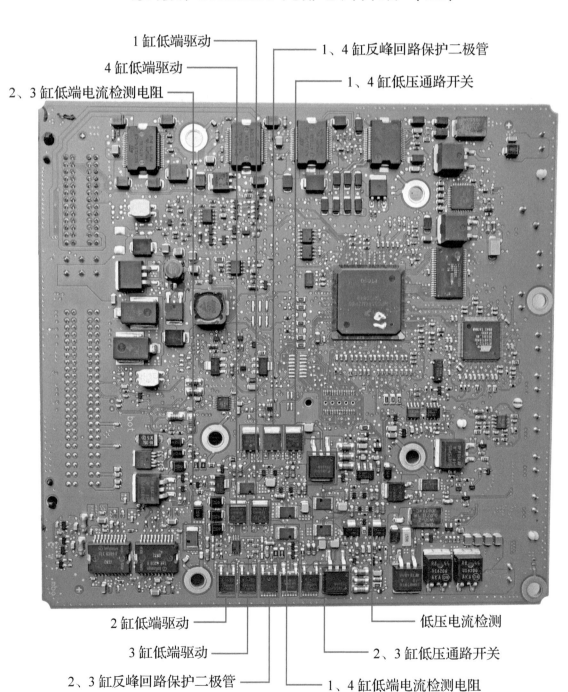

1 缸低端驱动

4 缸低端驱动

2、3 缸低端电流检测电阻

1、4 缸反峰回路保护二极管

1、4 缸低压通路开关

2 缸低端驱动

3 缸低端驱动

2、3 缸反峰回路保护二极管

1、4 缸低端电流检测电阻

2、3 缸低压通路开关

低压电流检测

康明斯 CM2220 内部芯片介绍（四）

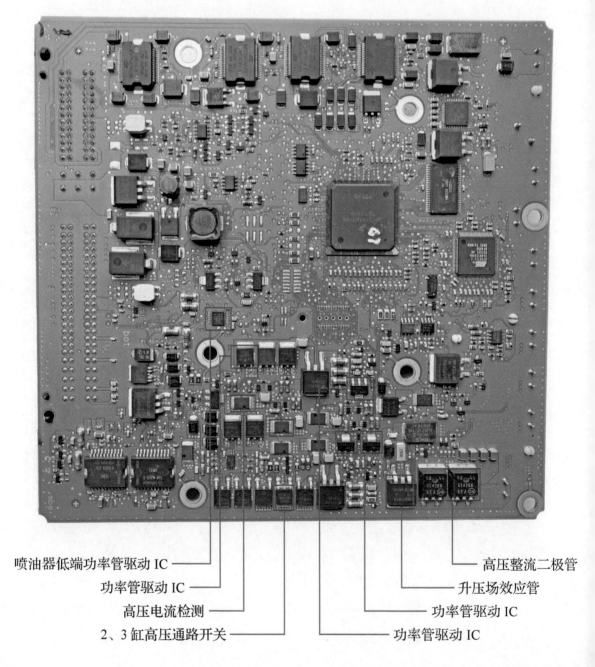

喷油器低端功率管驱动 IC

功率管驱动 IC

高压电流检测

2、3 缸高压通路开关

功率管驱动 IC

功率管驱动 IC

高压整流二极管

升压场效应管

高压整流二极管

康明斯 CM2220 内部芯片介绍（五）

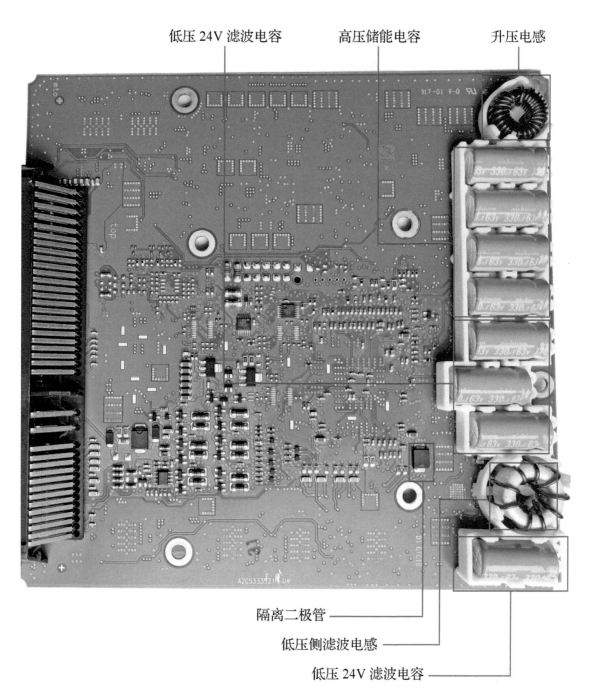

低压 24V 滤波电容　　　高压储能电容　　　升压电感

隔离二极管

低压侧滤波电感

低压 24V 滤波电容

22　康明斯 CM2880 电脑板外观

正面

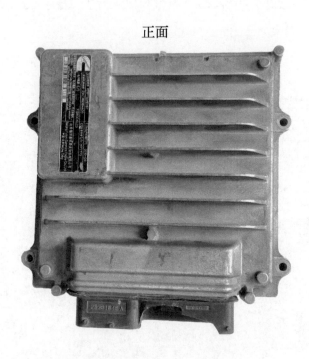

背面

23　康明斯 CM2880 内部芯片介绍

康明斯 CM2880 内部芯片介绍（一）

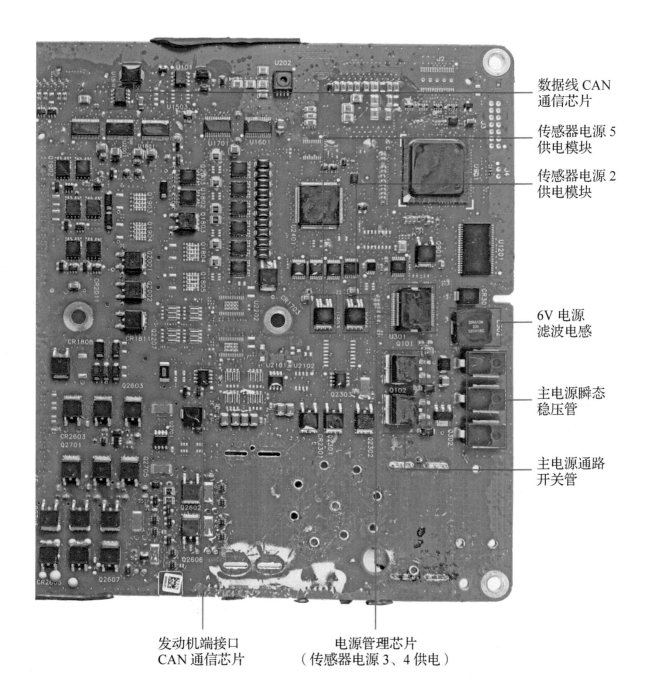

数据线 CAN
通信芯片

传感器电源 5
供电模块

传感器电源 2
供电模块

6V 电源
滤波电感

主电源瞬态
稳压管

主电源通路
开关管

发动机端接口
CAN 通信芯片

电源管理芯片
（传感器电源 3、4 供电）

康明斯 CM2880 内部芯片介绍（二）

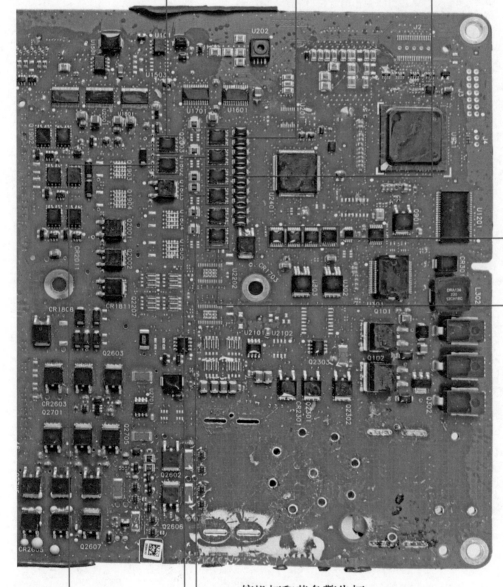

发动机制动
电磁阀控制

故障指示灯控制

尿素液位指示灯
等待起动指示灯

运算
放大器

空气电磁阀
回路控制

尿素罐加热电磁阀

停机灯和黄色警告灯

尿素管加热继电器控制

康明斯 CM2880 内部芯片介绍 （三）

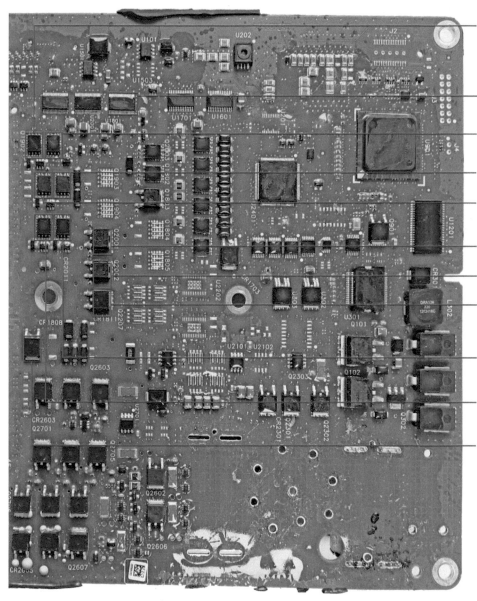

回流电磁阀
信号控制

电磁阀控制
芯片驱动

进气加热
继电器控制

尿素泵电机供
电和 PWM 控制

风扇执行器 2
控制

风扇执行器 1
控制

排气制动控制

续流二极管
（反峰回路）

尿素喷射阀
信号

远程起动
继电器控制

计量单元续流
二极管

康明斯 CM2880 内部芯片介绍（四）

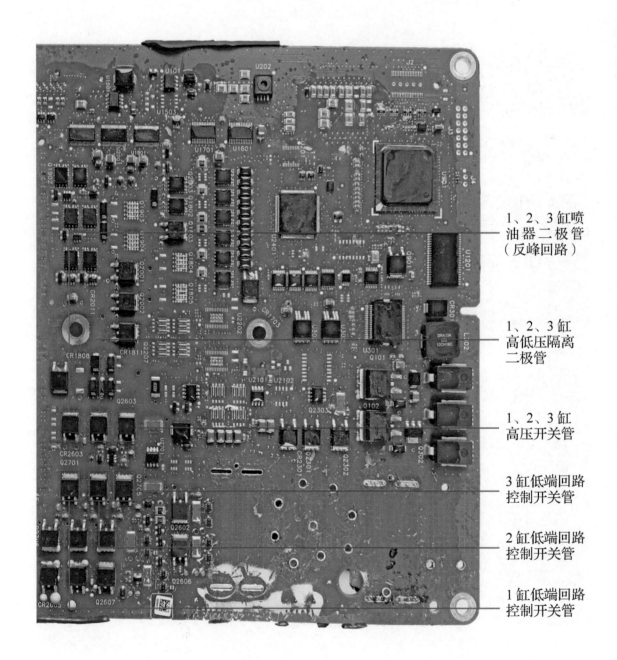

1、2、3 缸喷油器二极管（反峰回路）

1、2、3 缸高低压隔离二极管

1、2、3 缸高压开关管

3 缸低端回路控制开关管

2 缸低端回路控制开关管

1 缸低端回路控制开关管

康明斯 CM2880 内部芯片介绍（五）

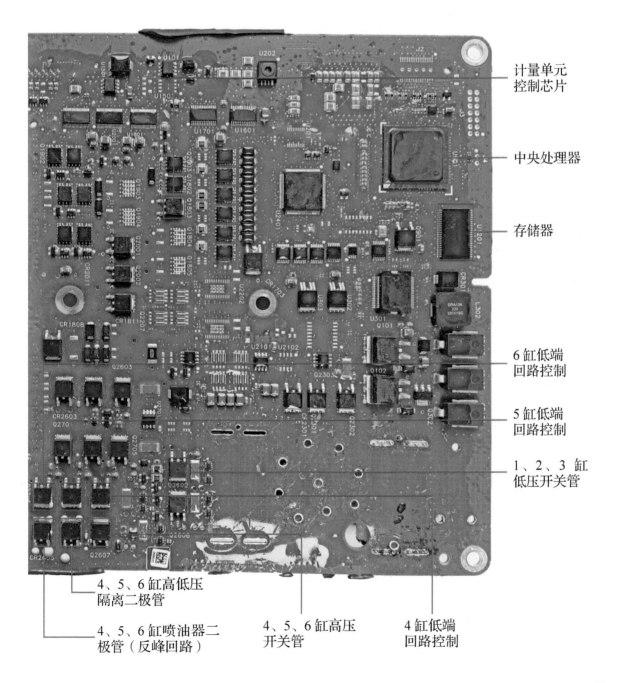

计量单元
控制芯片

中央处理器

存储器

6 缸低端
回路控制

5 缸低端
回路控制

1、2、3 缸
低压开关管

4、5、6 缸高低压
隔离二极管

4、5、6 缸喷油器二
极管（反峰回路）

4、5、6 缸高压
开关管

4 缸低端
回路控制

康明斯 CM2880 内部芯片介绍（六）

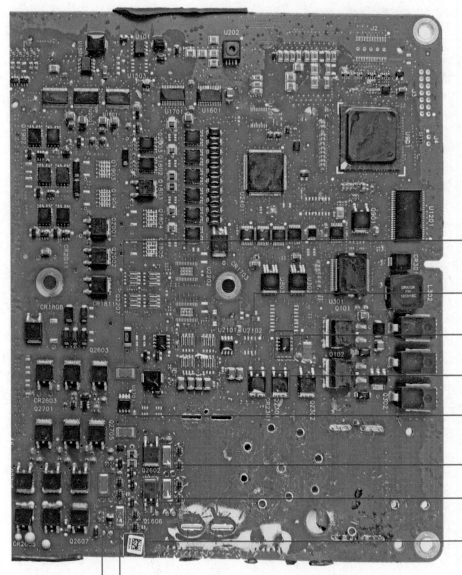

1、2、3 缸低端回路控制电流检测电阻

高压整流二极管

升压电感开关管驱动

升压电感开关管

4、5、6 缸低端回路控制电流检测电阻

1、2、3 缸低压电流检测

4、5、6 缸低压电流检测

4、5、6 缸低压保持开关管

4、5、6 缸高压电流检测

1、2、3 缸高压电流检测

康明斯 CM2880 内部芯片介绍（七）

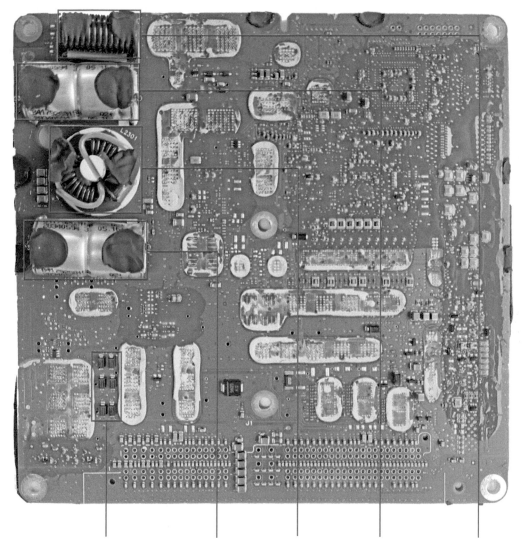

喷油器低端回路　高压储能电容　　升压电感　　电源滤波电容　　电源滤波电感
续流二极管

24 日野电装 C31 电脑板外观

正面

背面

25 日野电装 C31 内部芯片介绍

日野电装 C31 内部芯片介绍（一）

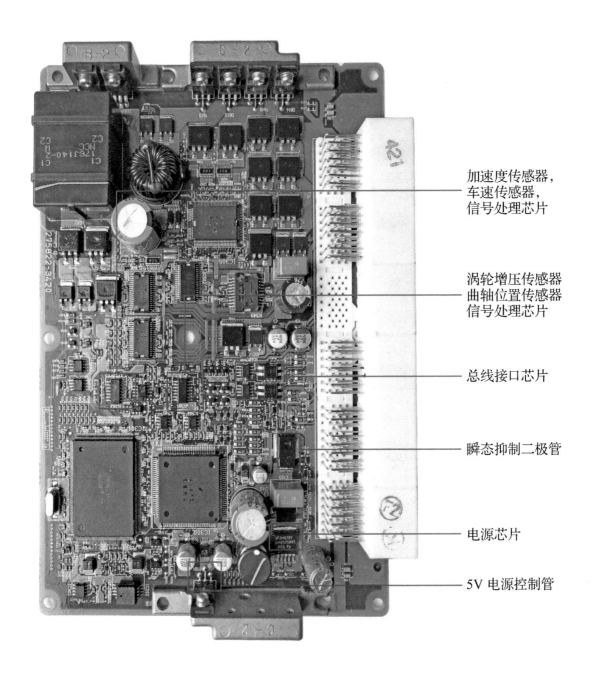

加速度传感器，
车速传感器，
信号处理芯片

涡轮增压传感器
曲轴位置传感器
信号处理芯片

总线接口芯片

瞬态抑制二极管

电源芯片

5V 电源控制管

日野电装 C31 内部芯片介绍（二）

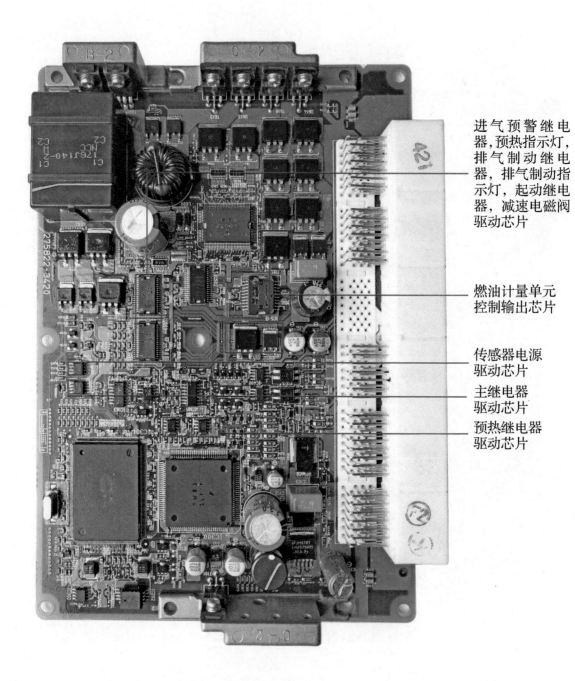

进气预警继电器，预热指示灯，排气制动继电器，排气制动指示灯，起动继电器，减速电磁阀驱动芯片

燃油计量单元控制输出芯片

传感器电源驱动芯片

主继电器驱动芯片

预热继电器驱动芯片

日野电装 C31 内部芯片介绍（三）

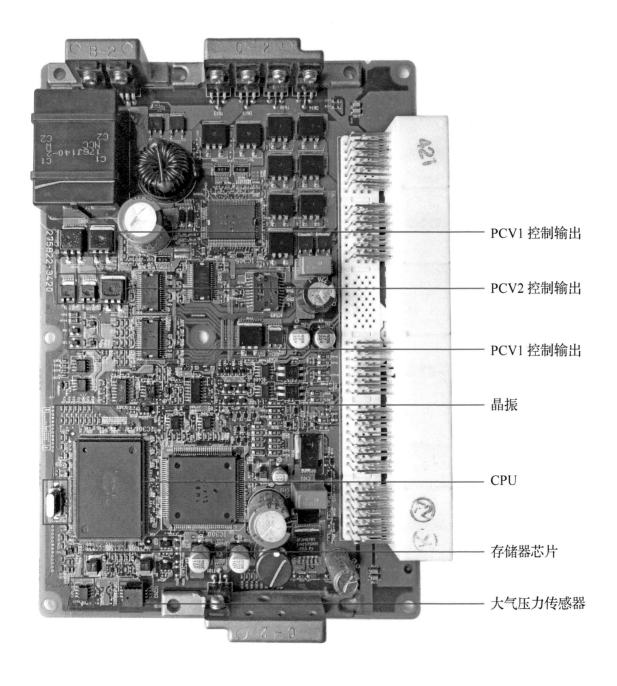

PCV1 控制输出

PCV2 控制输出

PCV1 控制输出

晶振

CPU

存储器芯片

大气压力传感器

日野电装 C31 内部芯片介绍 （四）

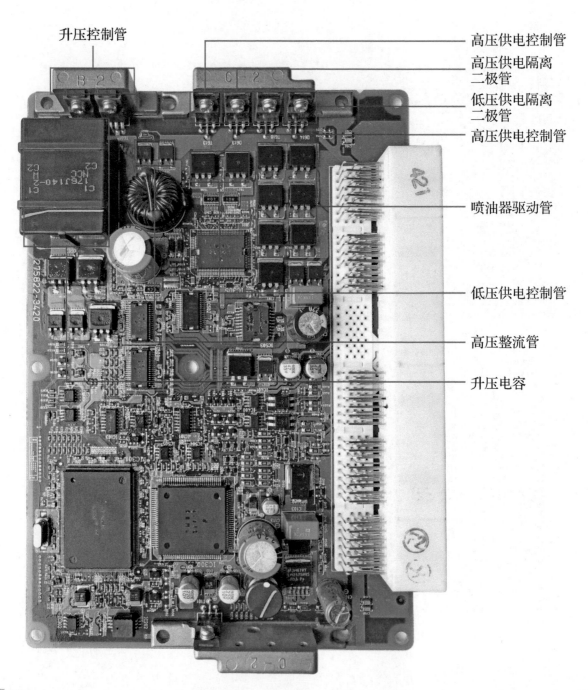

升压控制管

高压供电控制管

高压供电隔离
二极管

低压供电隔离
二极管

高压供电控制管

喷油器驱动管

低压供电控制管

高压整流管

升压电容

26　衡阳南岳（上海依波尔）电脑板外观

正面

背面

27 衡阳南岳（上海依波尔）内部芯片介绍

衡阳南岳（上海依波尔）内部芯片介绍（一）

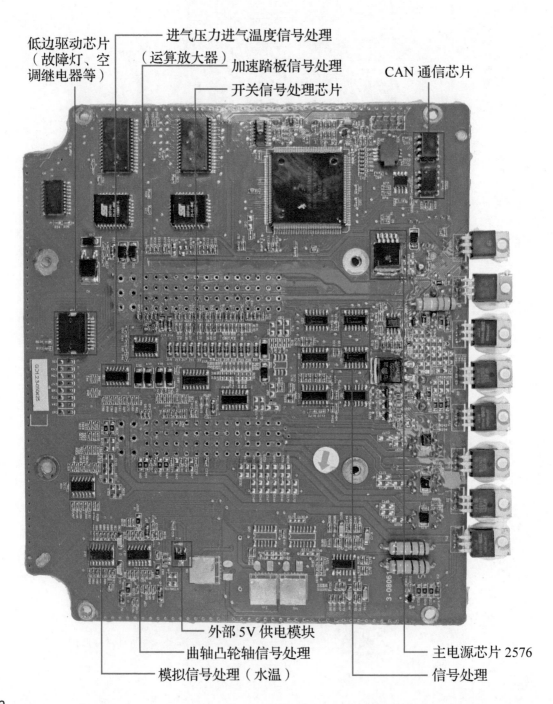

衡阳南岳（上海依波尔）内部芯片介绍（二）

低压隔离　　　　　高压通路开关管　升压电感开关管　二级电源

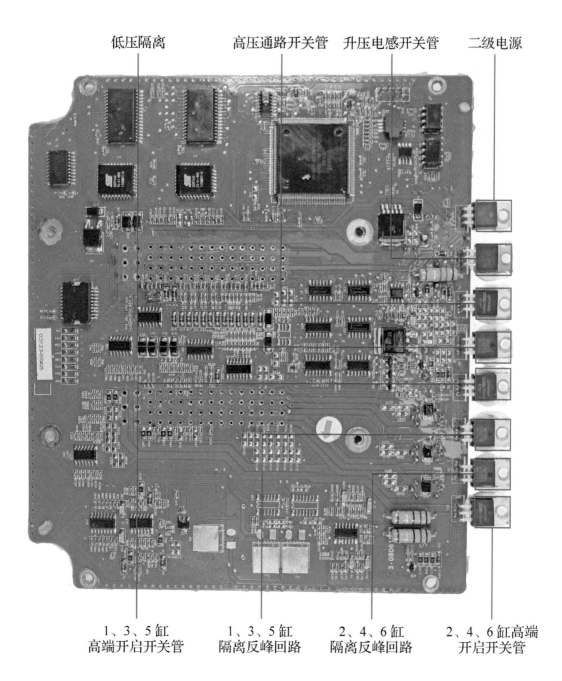

1、3、5缸　　　　1、3、5缸　　　　2、4、6缸　　　2、4、6缸高端
高端开启开关管　隔离反峰回路　　隔离反峰回路　　开启开关管

衡阳南岳（上海依波尔）内部芯片介绍（三）

高压整流二极管　高压通路驱动　升压开关管驱动　升压开关管电流检测

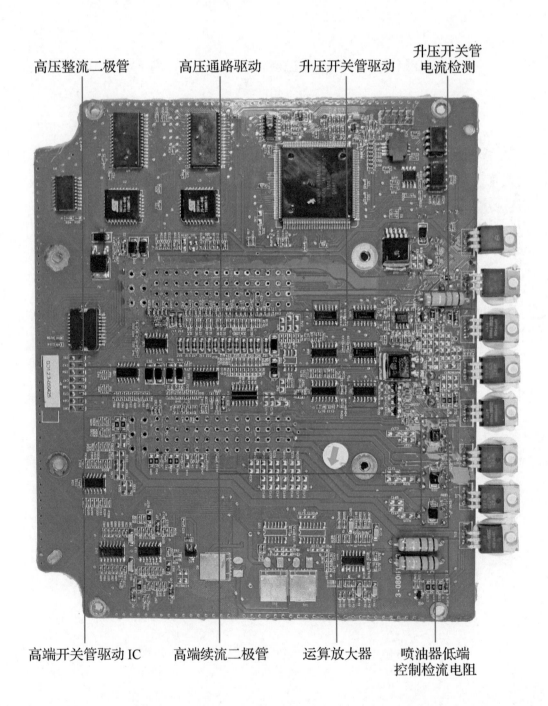

高端开关管驱动 IC　高端续流二极管　运算放大器　喷油器低端控制检流电阻

汽车电脑板维修入门（彩色图解＋视频）

衡阳南岳（上海依波尔）内部芯片介绍（四）

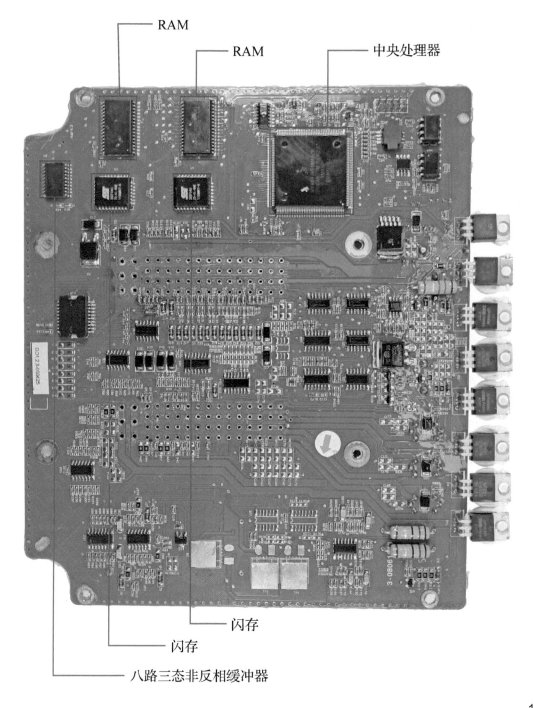

衡阳南岳（上海依波尔）内部芯片介绍（五）

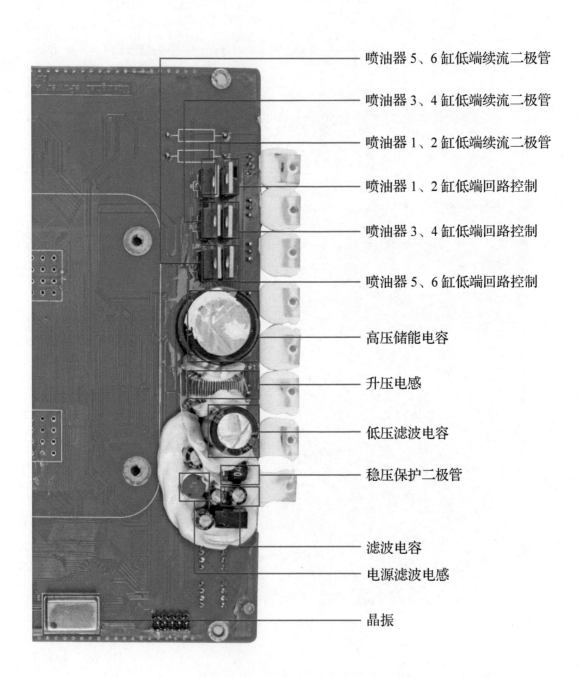

- 喷油器5、6缸低端续流二极管
- 喷油器3、4缸低端续流二极管
- 喷油器1、2缸低端续流二极管
- 喷油器1、2缸低端回路控制
- 喷油器3、4缸低端回路控制
- 喷油器5、6缸低端回路控制
- 高压储能电容
- 升压电感
- 低压滤波电容
- 稳压保护二极管
- 滤波电容
- 电源滤波电感
- 晶振

28　常州易控 80 针脚电脑板外观

正面

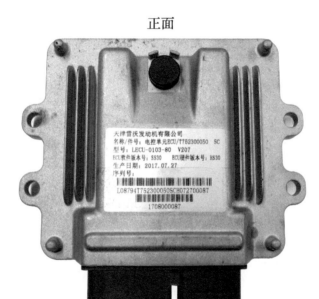

背面

29 常州易控 80 针脚内部芯片介绍

常州易控 80 针脚内部芯片介绍（一）

TC4427 双高速功率 MOSFET 驱动器

IR2101S_MOS 管驱动器

电容

电容

大气压力传感器

升压电感

二极管

常州易控 80 针脚内部芯片介绍（二）

晶振

飞思卡尔 MC9
S12XEP100 处
理器 CPU

电感

二极管

瞬态抑制二极管

LM2596S 电源模块

常州易控 80 针脚内部芯片介绍（三）

MAX9924 凸轮 / 曲轴芯片

二极管

TDK ZJY-2L 01 共模滤波器

英飞凌 TLE620 9R 电机的 H 桥控制芯片

L9825 低边驱动

AMIS-306 60-2_CAN 收发器

常州易控 80 针脚内部芯片介绍（四）

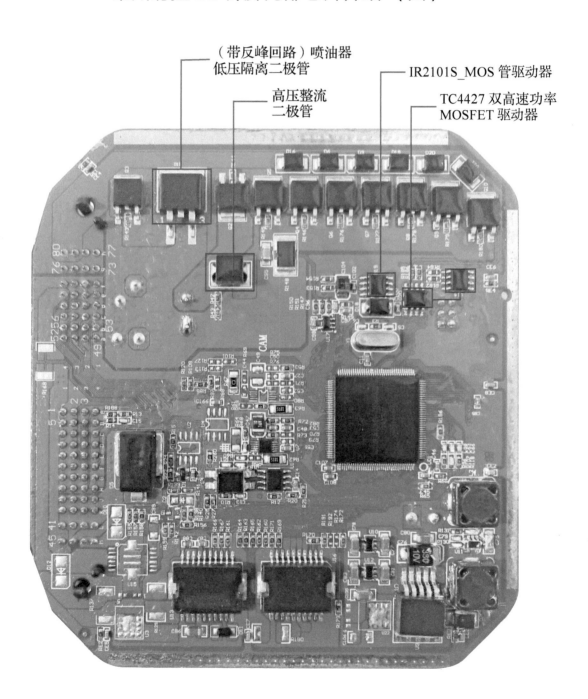

（带反峰回路）喷油器
低压隔离二极管

高压整流
二极管

IR2101S_MOS 管驱动器

TC4427 双高速功率
MOSFET 驱动器

常州易控 80 针脚内部芯片介绍（五）

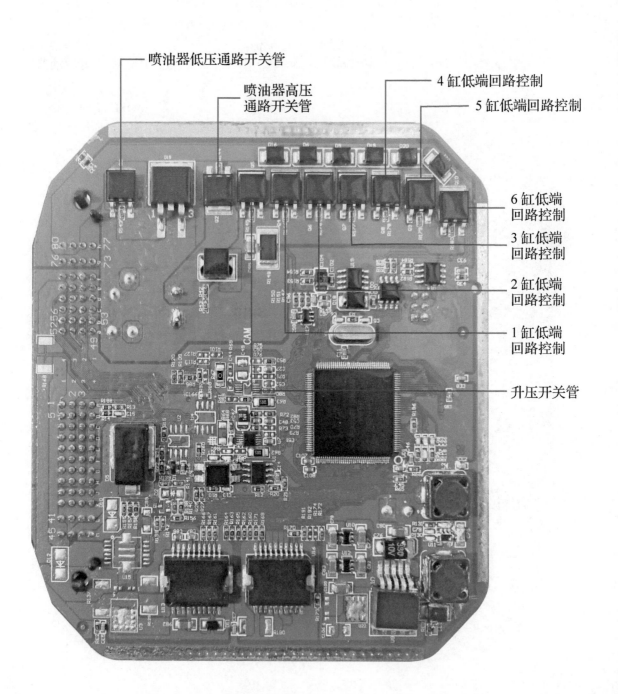

喷油器低压通路开关管

喷油器高压
通路开关管

4 缸低端回路控制

5 缸低端回路控制

6 缸低端
回路控制

3 缸低端
回路控制

2 缸低端
回路控制

1 缸低端
回路控制

升压开关管

30 常州易控 121 针脚电脑板外观

正面

背面

31 常州易控 121 针脚内部芯片介绍

常州易控 121 针脚内部芯片介绍（一）

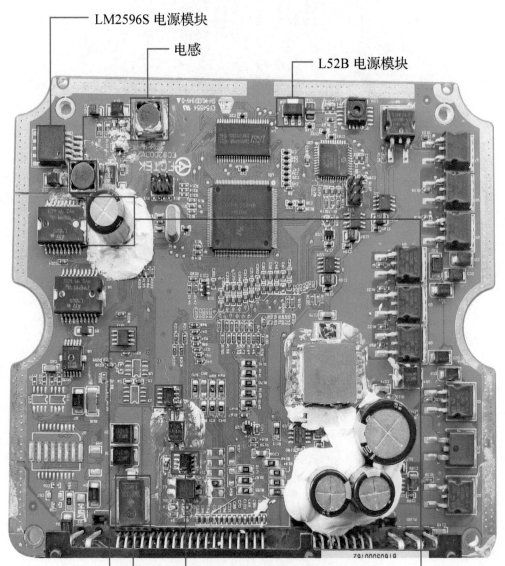

LM2596S 电源模块

电感

L52B 电源模块

AMIS-30660-2_CAN 收发器

电源滤波电容

瞬态抑制二极管

AD8215 电流分流监视器

常州易控 121 针脚内部芯片介绍（二）

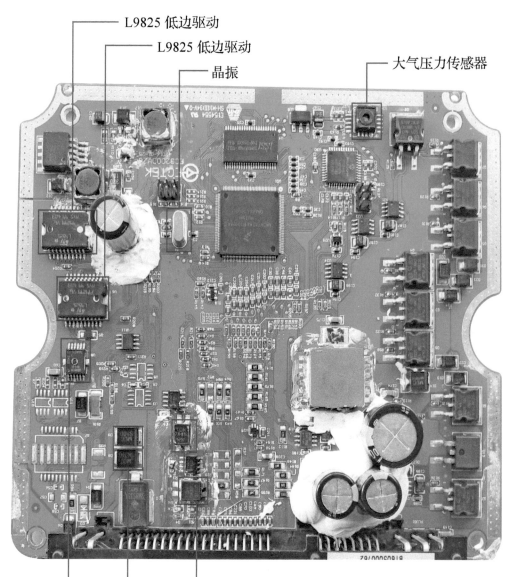

L9825 低边驱动

L9825 低边驱动

晶振

大气压力传感器

TDK ZJY-2L01 共模滤波器

二极管

高边驱动

常州易控 121 针脚内部芯片介绍（三）

B75NF75L 喷射驱动

PIC24HJ_单片机喷射芯片

IR2101S_MOS 管驱动器

升压电感

续流二极管

常州易控 121 针脚内部芯片介绍（四）

TC4427 微芯片 1.5A 双高速
功率 MOSFET 驱动器

ROM 存储
IS61C25616AL-10TLI

飞思卡尔 MC9S12XEP100 处理器 CPU

常州易控 121 针脚内部芯片介绍（五）

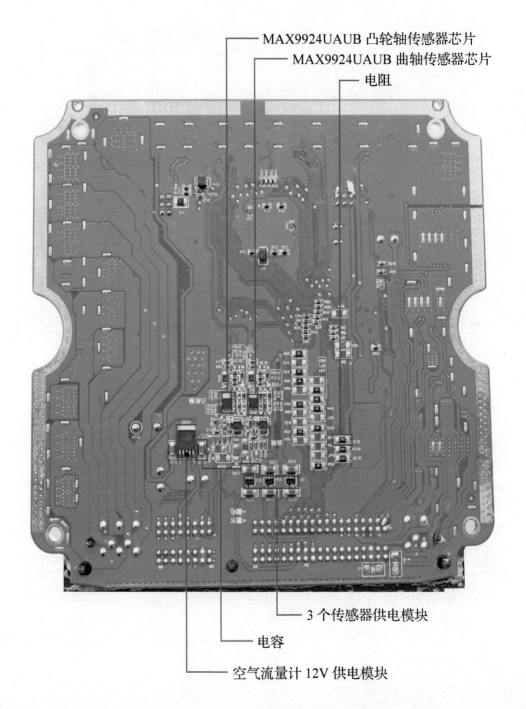

MAX9924UAUB 凸轮轴传感器芯片

MAX9924UAUB 曲轴传感器芯片

电阻

3 个传感器供电模块

电容

空气流量计 12V 供电模块

32　成都威特 ECU25 电脑板外观

正面

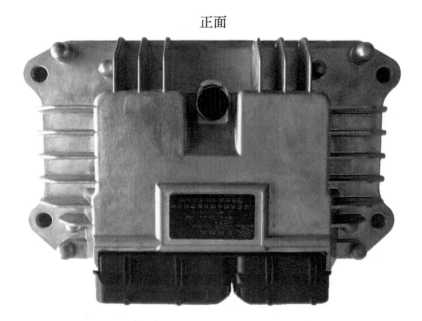

背面

33　成都威特 ECU25 内部芯片介绍

成都威特 ECU25 内部芯片介绍（一）

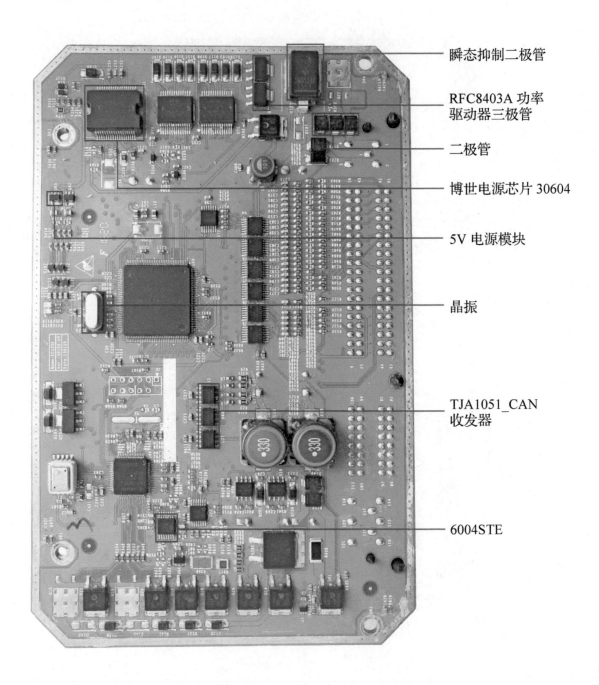

瞬态抑制二极管

RFC8403A 功率驱动器三极管

二极管

博世电源芯片 30604

5V 电源模块

晶振

TJA1051_CAN 收发器

6004STE

成都威特 ECU25 内部芯片介绍 (二)

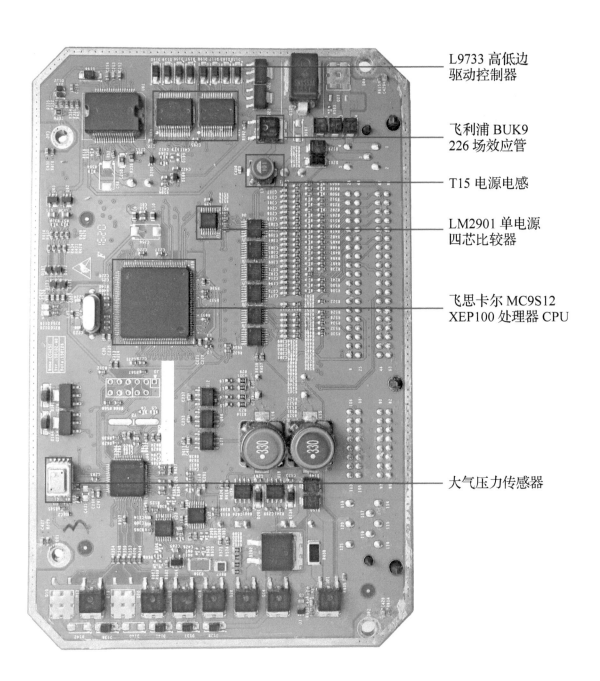

L9733 高低边
驱动控制器

飞利浦 BUK9
226 场效应管

T15 电源电感

LM2901 单电源
四芯比较器

飞思卡尔 MC9S12
XEP100 处理器 CPU

大气压力传感器

成都威特 ECU25 内部芯片介绍（三）

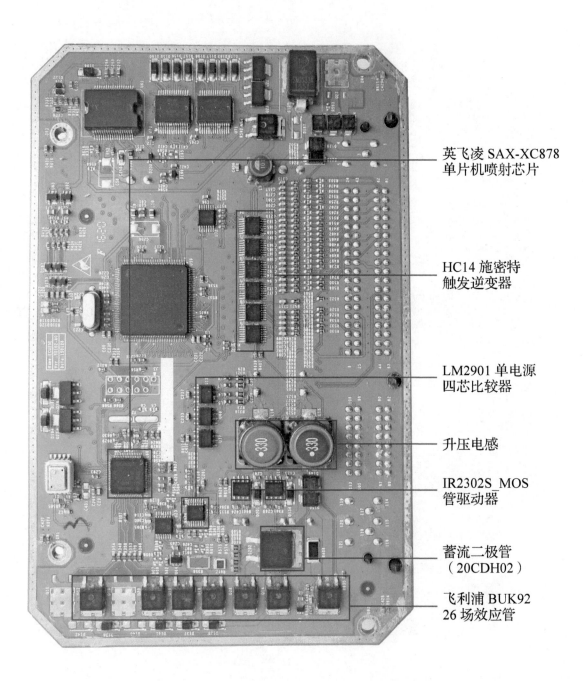

英飞凌 SAX-XC878
单片机喷射芯片

HC14 施密特
触发逆变器

LM2901 单电源
四芯比较器

升压电感

IR2302S_MOS
管驱动器

蓄流二极管
（20CDH02）

飞利浦 BUK92
26 场效应管

成都威特 ECU25 内部芯片介绍（四）

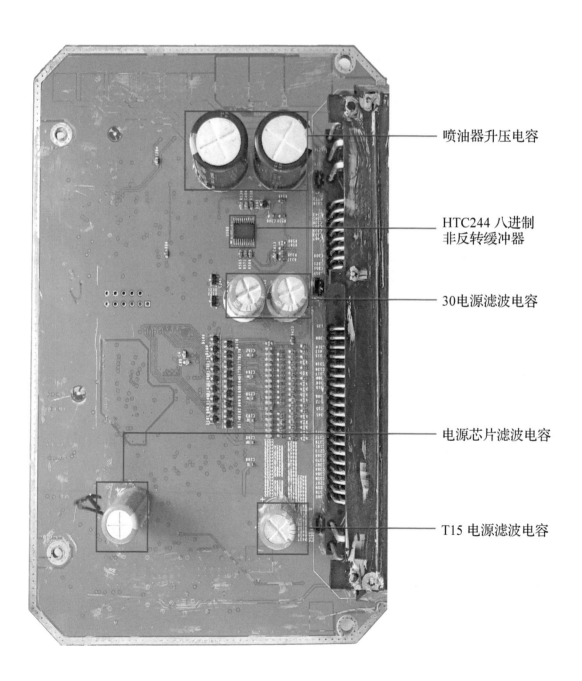

喷油器升压电容

HTC244 八进制
非反转缓冲器

30电源滤波电容

电源芯片滤波电容

T15 电源滤波电容

34 成都威特 ECU30 电脑板外观

正面

背面

35 成都威特 ECU30 内部芯片介绍

成都威特 ECU30 内部芯片介绍（一）

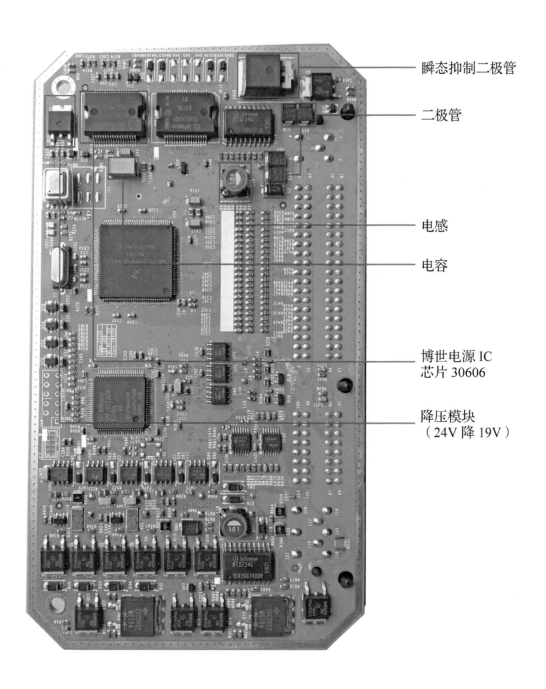

瞬态抑制二极管

二极管

电感

电容

博世电源 IC
芯片 30606

降压模块
（24V 降 19V）

成都威特 ECU30 内部芯片介绍（二）

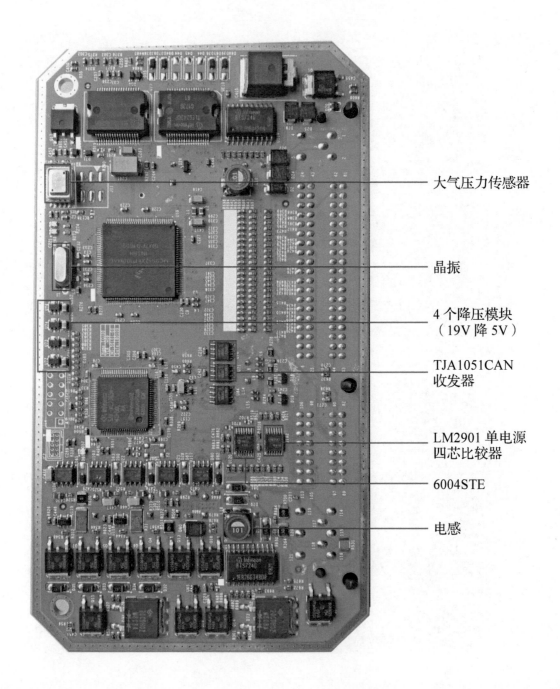

大气压力传感器

晶振

4 个降压模块
（19V 降 5V）

TJA1051CAN
收发器

LM2901 单电源
四芯比较器

6004STE

电感

成都威特 ECU30 内部芯片介绍（三）

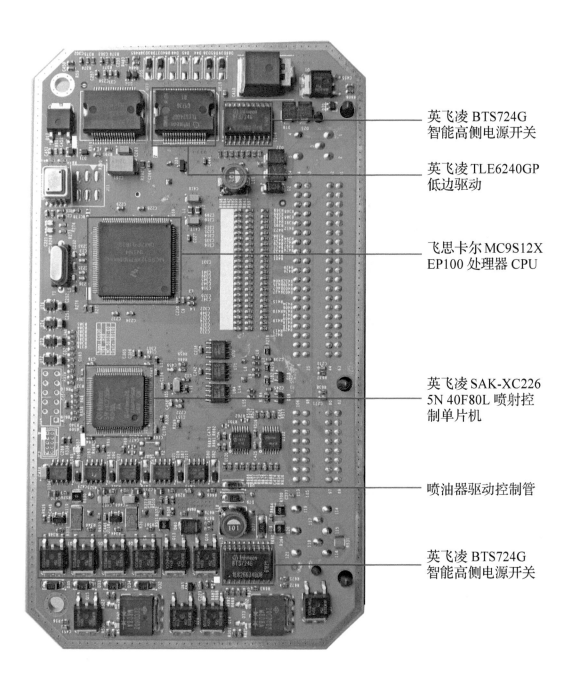

英飞凌 BTS724G
智能高侧电源开关

英飞凌 TLE6240GP
低边驱动

飞思卡尔 MC9S12X
EP100 处理器 CPU

英飞凌 SAK-XC226
5N 40F80L 喷射控
制单片机

喷油器驱动控制管

英飞凌 BTS724G
智能高侧电源开关

成都威特 ECU30 内部芯片介绍（四）

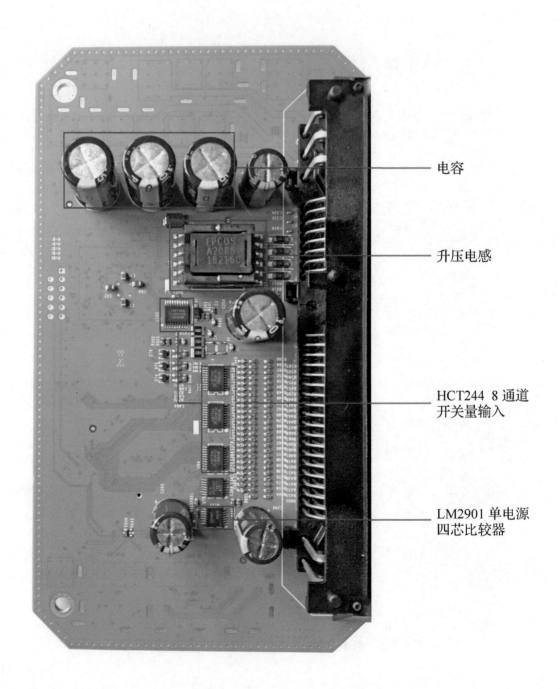

电容

升压电感

HCT244 8 通道
开关量输入

LM2901 单电源
四芯比较器

36　德尔福 DCM3.2 电脑板外观

正面

背面

37　德尔福 DCM3.2 内部芯片介绍

德尔福 DCM3.2 内部芯片介绍（一）

6V 滤波电感

传感器信号处理芯片

电源管理芯片

6V 滤波电容

电源管理芯片

5V 滤波电容

6V 转 2.6V 电源管

节流阀、EGR 阀、TMV 阀低端控制

锁存器

大气压力传感器

2.6V 滤波电容

指示灯低边驱动
预热指示灯
油水分离指示灯
OBD 指示灯

CAN 通信滤波器

继电器指示灯低边
驱动（空调继电器、
预热继电器）

德尔福 DCM3.2 内部芯片介绍（二）

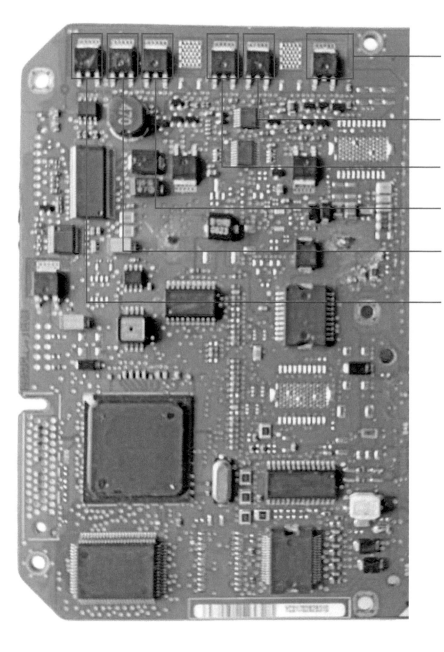

1、4 缸喷油器
高端控制

4 缸喷油器
低端控制

1 缸喷油器
低端控制

3 缸喷油器
低端控制

2 缸喷油器
低端控制

2、3 缸喷油器
高端控制

德尔福 DCM3.2 内部芯片介绍（三）

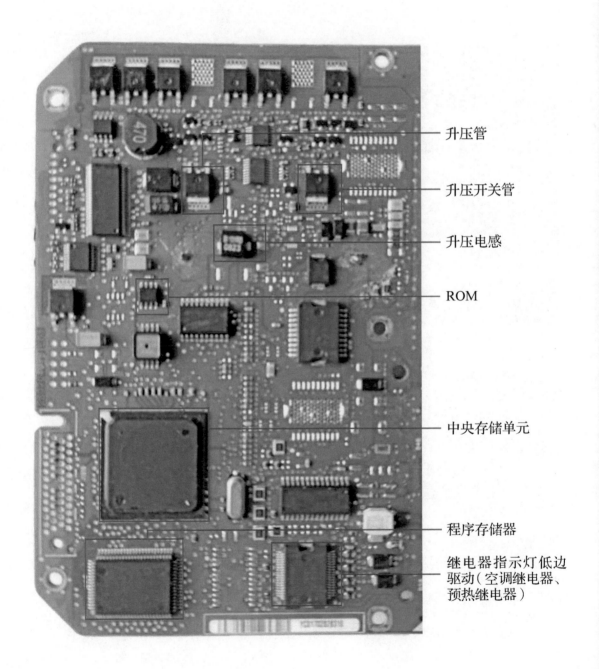

升压管

升压开关管

升压电感

ROM

中央存储单元

程序存储器

继电器指示灯低边
驱动（空调继电器、
预热继电器）

德尔福 DCM3.2 内部芯片介绍（四）

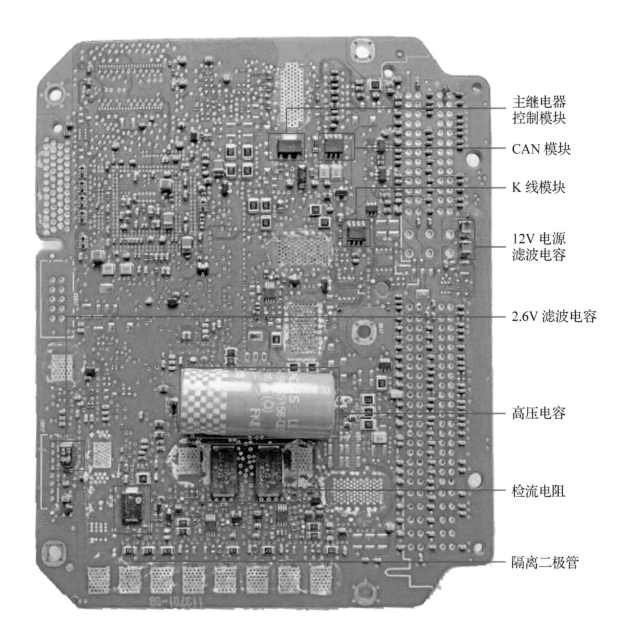

主继电器
控制模块

CAN 模块

K 线模块

12V 电源
滤波电容

2.6V 滤波电容

高压电容

检流电阻

隔离二极管

38 易康卓 4G 电脑板外观

正面

39　易康卓 4G 内部芯片介绍

易康卓 4G 内部芯片介绍（一）

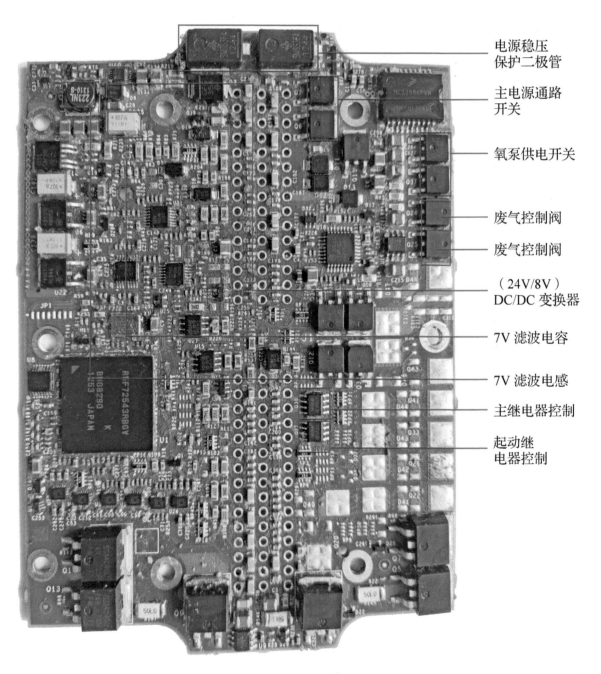

电源稳压
保护二极管

主电源通路
开关

氧泵供电开关

废气控制阀

废气控制阀

（24V/8V）
DC/DC 变换器

7V 滤波电容

7V 滤波电感

主继电器控制

起动继
电器控制

易康卓 4G 内部芯片介绍 （二）

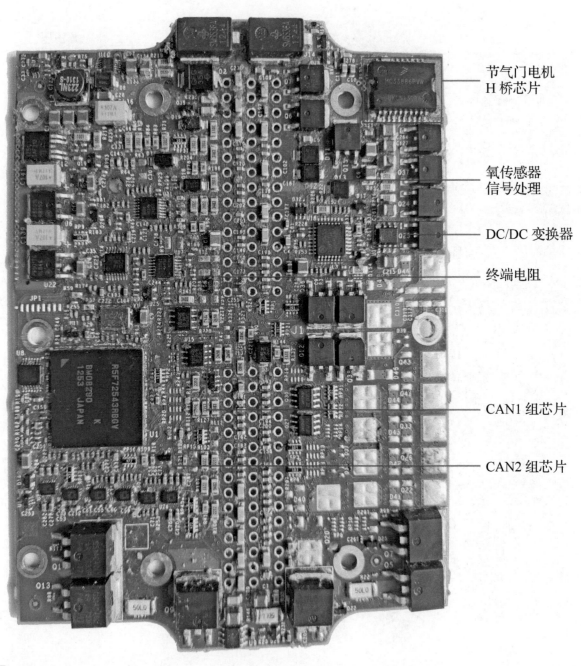

节气门电机
H 桥芯片

氧传感器
信号处理

DC/DC 变换器

终端电阻

CAN1 组芯片

CAN2 组芯片

易康卓 4G 内部芯片介绍（三）

外部传感器
5V 供电

5V 滤波电容

车速信号
处理芯片

3.3V 滤波电容

3.3V 电源

高低燃料
切断阀

氧传感器加热

易康卓 4G 内部芯片介绍（四）

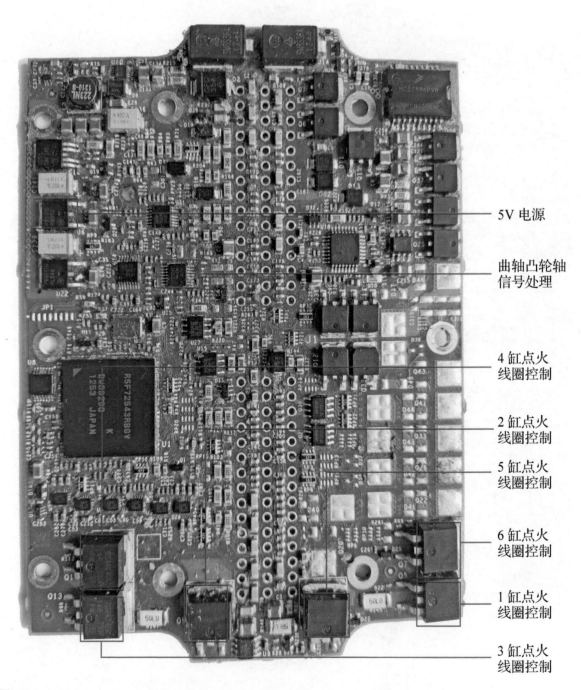

5V 电源

曲轴凸轮轴
信号处理

4 缸点火
线圈控制

2 缸点火
线圈控制

5 缸点火
线圈控制

6 缸点火
线圈控制

1 缸点火
线圈控制

3 缸点火
线圈控制

易康卓 4G 内部芯片介绍（五）

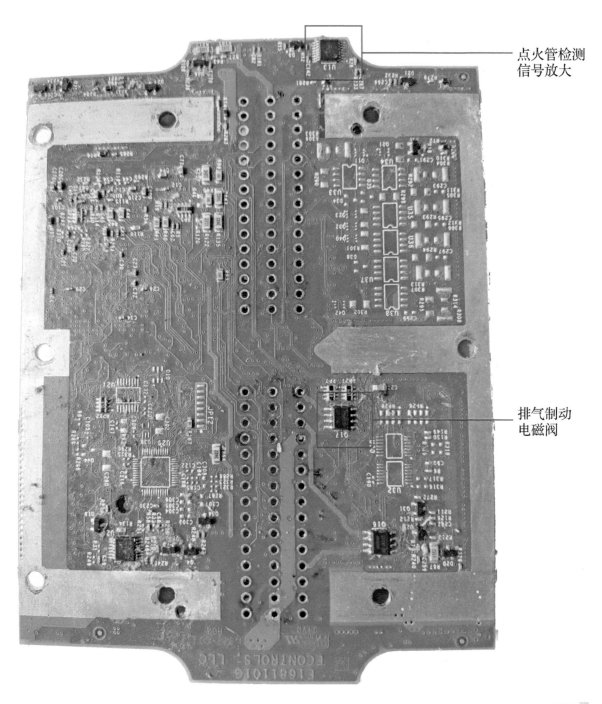

点火管检测
信号放大

排气制动
电磁阀

40 玉柴单体泵 ECU100 电脑板外观

正面

背面

41　玉柴单体泵 ECU100 内部芯片介绍

玉柴单体泵 ECU100 内部芯片介绍（一）

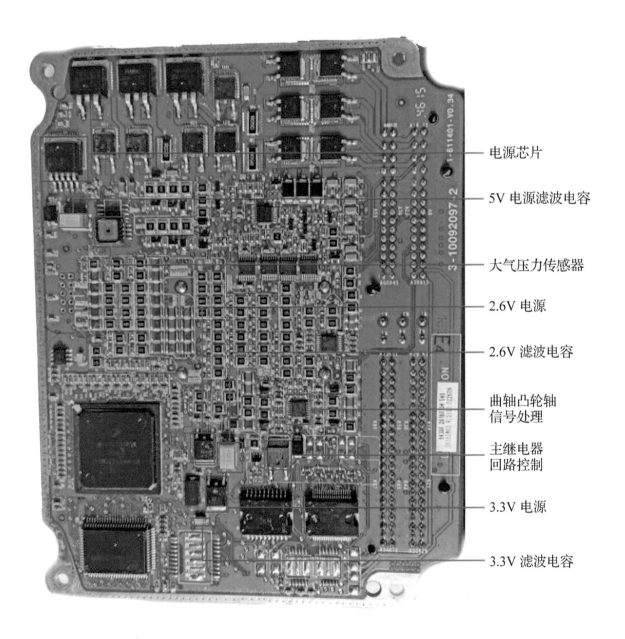

- 电源芯片
- 5V 电源滤波电容
- 大气压力传感器
- 2.6V 电源
- 2.6V 滤波电容
- 曲轴凸轮轴信号处理
- 主继电器回路控制
- 3.3V 电源
- 3.3V 滤波电容

玉柴单体泵 ECU100 内部芯片介绍（二）

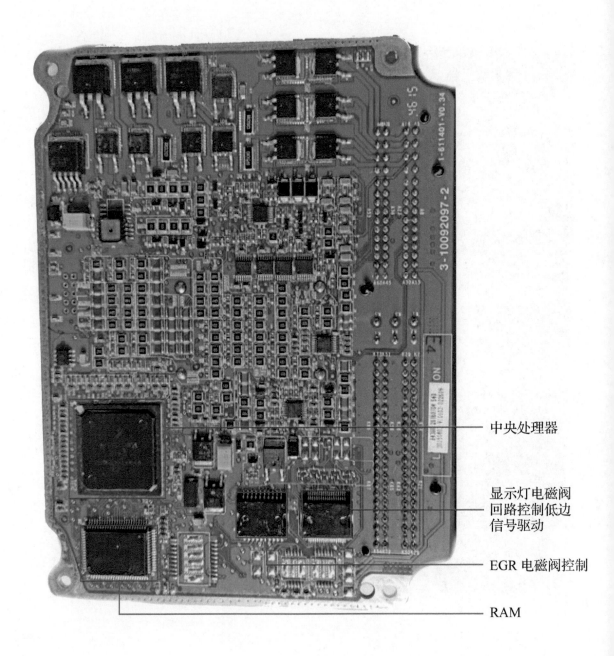

中央处理器

显示灯电磁阀
回路控制低边
信号驱动

EGR 电磁阀控制

RAM

玉柴单体泵 ECU100 内部芯片介绍（三）

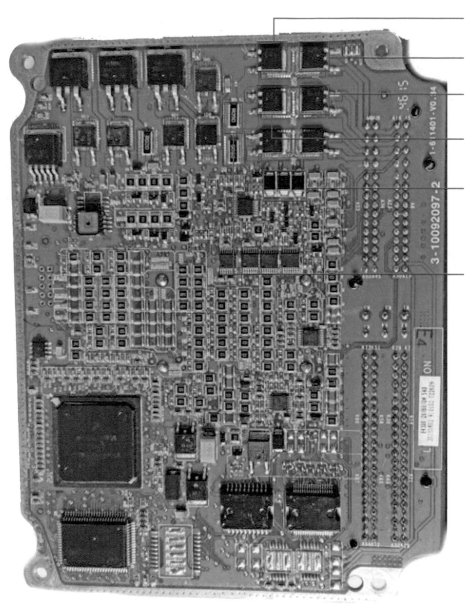

1、2 缸低端回路控制

1、2 缸低端通路二极管

3、4 缸低端通路二极管

3、4 缸低端回路控制

低端续流二极管

低端电流检测电阻

玉柴单体泵 ECU100 内部芯片介绍（四）

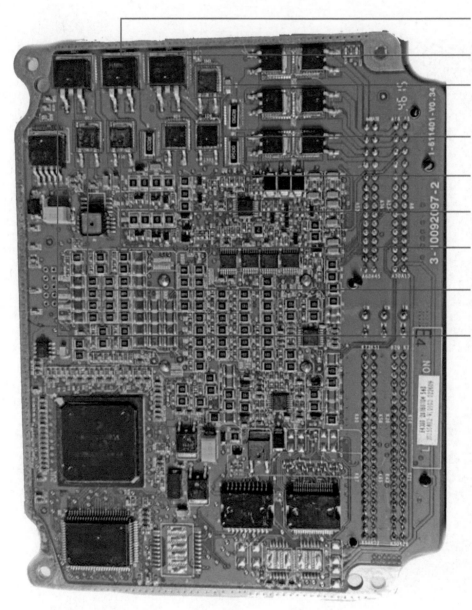

1、3 缸高端通路开关管

单体泵高压开启开关管

升压电感开关管

高压整流二极管

低压隔离二极管

低压电流检测电阻

1、3 缸高端续流二极管

2、4 缸高端续流二极管

2、4 缸高端通路开关管

玉柴单体泵 ECU100 内部芯片介绍（五）

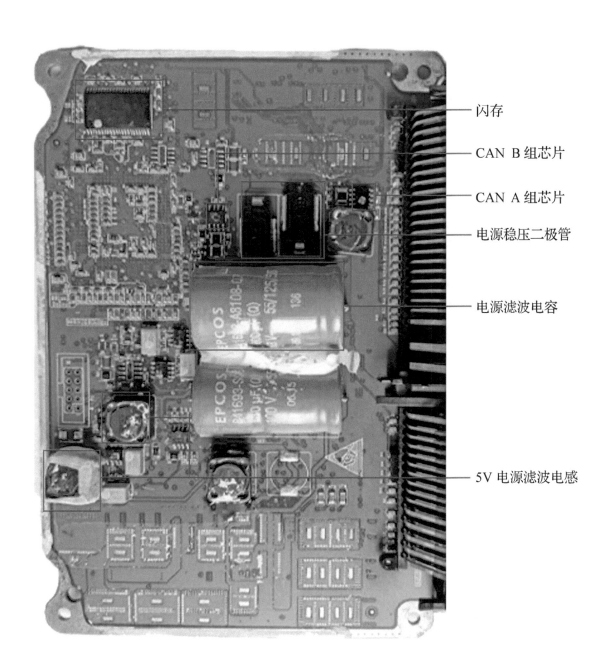

闪存

CAN B 组芯片

CAN A 组芯片

电源稳压二极管

电源滤波电容

5V 电源滤波电感

玉柴单体泵 ECU100 内部芯片介绍（六）

供电模块 A
滤波电容

供电模块 B 芯片

供电模块 A 芯片

供电模块 B
滤波电容

高压储能电容

升压电感

喷油高压
开关管驱动

5V 电源滤波电容

DC/DC 芯片

42　玉柴自主天然气发动机电脑板外观

正面

背面

43 玉柴自主天然气发动机内部芯片介绍

玉柴自主天然气发动机内部芯片介绍（一）

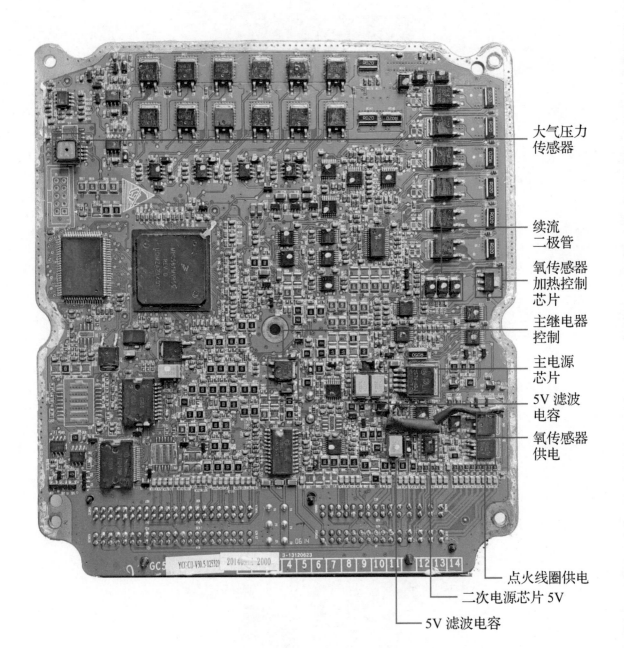

大气压力
传感器

续流
二极管

氧传感器
加热控制
芯片

主继电器
控制

主电源
芯片

5V 滤波
电容

氧传感器
供电

点火线圈供电

二次电源芯片 5V

5V 滤波电容

玉柴自主天然气发动机内部芯片介绍（二）

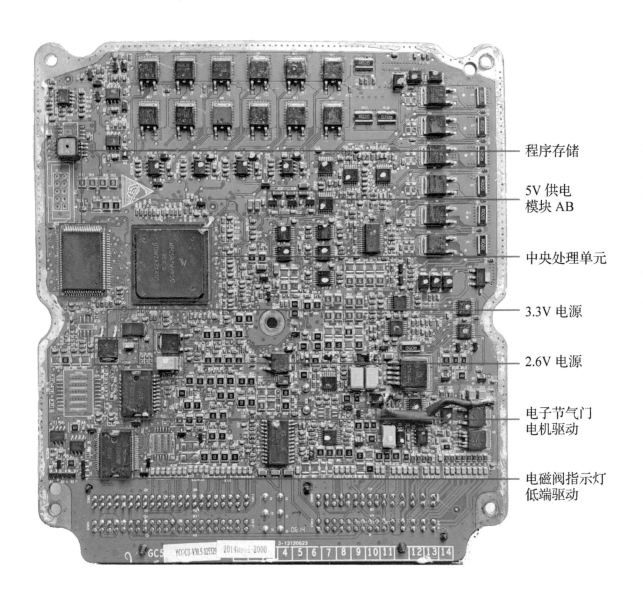

程序存储

5V 供电
模块 AB

中央处理单元

3.3V 电源

2.6V 电源

电子节气门
电机驱动

电磁阀指示灯
低端驱动

玉柴自主天然气发动机内部芯片介绍（三）

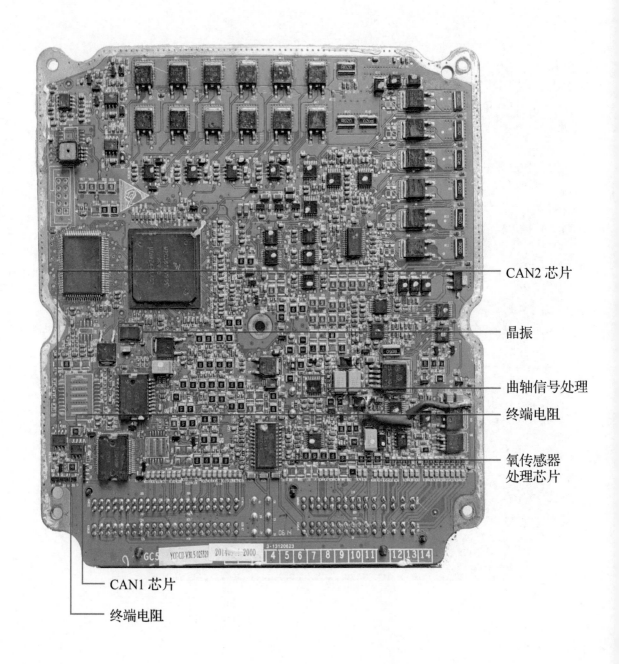

CAN2 芯片

晶振

曲轴信号处理

终端电阻

氧传感器
处理芯片

CAN1 芯片

终端电阻

玉柴自主天然气发动机内部芯片介绍（四）

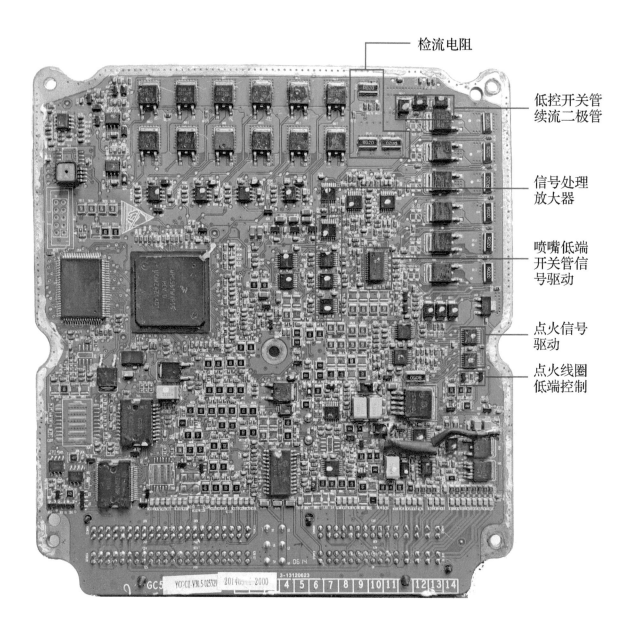

检流电阻

低控开关管
续流二极管

信号处理
放大器

喷嘴低端
开关管信
号驱动

点火信号
驱动

点火线圈
低端控制

玉柴自主天然气发动机内部芯片介绍（五）

4 喷嘴高端驱动信号

4 喷嘴低控制
开关管

3 喷嘴低控制
开关管

1 喷嘴低控制
开关管

2 喷嘴低控制
开关管

5 喷嘴低控制
开关管

6 喷嘴低控制
开关管

6 喷嘴高端
驱动信号

5 喷嘴高端
驱动信号

2 喷嘴高端
驱动信号

1 喷嘴高端
驱动信号

3 喷嘴高端
驱动信号

玉柴自主天然气发动机内部芯片介绍（六）

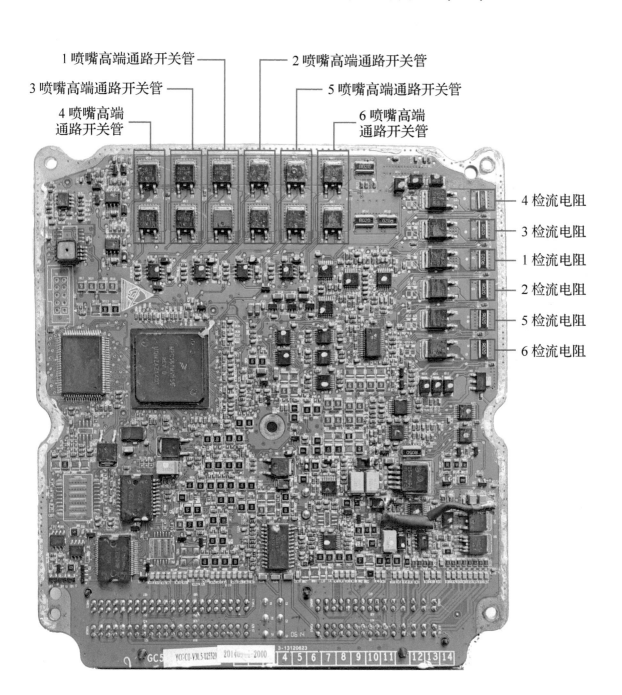

1 喷嘴高端通路开关管
2 喷嘴高端通路开关管
3 喷嘴高端通路开关管
5 喷嘴高端通路开关管
4 喷嘴高端通路开关管
6 喷嘴高端通路开关管

4 检流电阻
3 检流电阻
1 检流电阻
2 检流电阻
5 检流电阻
6 检流电阻

玉柴自主天然气发动机内部芯片介绍（七）

主电源滤波电容

滤波电感

电源稳压保护二极管

闪存

玉柴自主天然气发动机内部芯片介绍（八）

5V 电源电感

氧传感器加热供电滤波电感

5V 电源电感

44 拆解成都威特 ECU25

① 拆下上盖固定螺钉

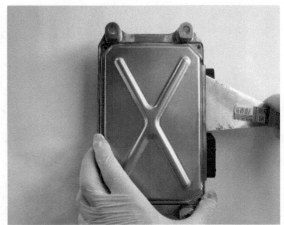

② 撬开电脑板底座壳体

③ 拆下电路板固定螺钉

④ 撬开电脑板上盖壳体

45 拆解成都威特 ECU30

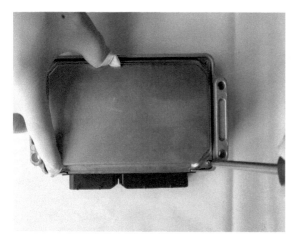

① 拆下上盖固定螺钉

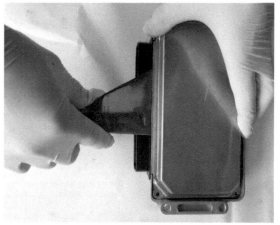

② 撬开电脑板底座壳体

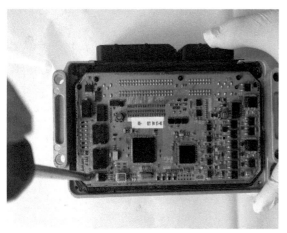

③ 拆下主板两个螺钉

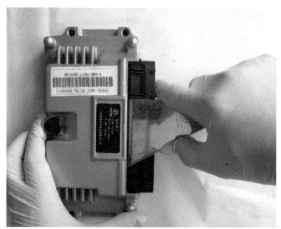

④ 撬开电脑板上盖壳体

46 拆解常州易控 80 针脚 ECU

① 拆下上盖固定螺钉

② 撬开电脑板底座壳体

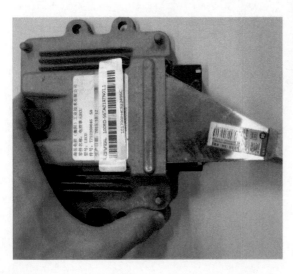

③ 撬开电脑板上盖壳体

47　拆解常州易控 121 针脚 ECU

① 拆下上盖固定螺钉

② 撬开电脑板底座壳体

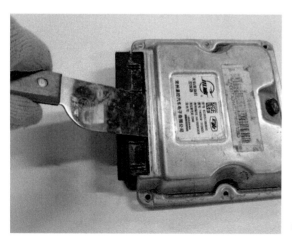

③ 撬开电脑板上盖壳体